당당하고 자신있는
유쾌한 표현술

OTONANO SHIGOTOJYUTSU by Takashi Nakajima

Copyright ⓒ 2005 Takashi Nakajima

All rights reserved.

Originally published in Japan SHUFUNOTOMOSHA Co., Ltd. Tokyo

Korean translation rights arranged through UNION Agency, Seoul.

이 책의 한국어판 저작권은 UNION Agency를 통한
저자와의 독점 계약으로 동해출판에 있습니다.
신저작권법에 의하여 한국내에서 보호를 받는 저작물이므로
무단전재와 부단복제를 금합니다.

당당하고 자신있는
유쾌한 표현술

나카지마 다카시 지음 | 박현석 옮김

동해출판

 머리말

실력이 비슷하다면 조금이라도 허장성세(虛張聲勢)를 부리는 사람이 더 유리하다.
예를 들어서, 프레젠테이션이나 세일즈, 사내 승진 경쟁, 혹은 남녀관계에 있어서도 이 '법칙'은 적용된다.

"허장성세를 부리면서까지 이기고 싶은 마음은 없습니다."

죄송, 죄송. 허장성세라는 말에 어폐가 있었다면 다음과 같은 말로 바꾸겠다.
표현력, 표현술, 즉 '자신의 생각이나 사고를 상대에게 조금이라도 더 효과적으로 전달하는 기술'을 말하는 것이다.
허장성세는 '거짓말'과는 다르다. 가장 효과적인 표현으로 상대를 사로잡는 것을 말한다.

있는 그대로, 정직하게, 아무런 과장도 없이 솔직하게 전달한다 해도 상대가 그것을 완전하게 이해해줄 것이라고 장담할 수는 없다. 아니, 거의 이해하지 못할 것이다. 상대를 이해시키지 못하는 표현은 자신에게 아무런 도움도 되지 않는다.

표현에서 가장 중요한 것은 '임팩트'다. 이 임팩트가 바로 사람의 마음을 사로잡고 사람을 움직이게 하는 동기가 되는 것이다.
"과연 그렇군!"
"오케이, 알았어!"
"잘 알겠습니다."
자신도 모르게 옳다구나! 라며 무릎을 치게 된다. 이것이 바로 임팩트의 위력이다.

비즈니스에서 성공을 거둬 이름이 알려진 하버드 대학 졸업생들에게 다음과 같은 설문 조사를 한 적이 있었다.
"지금의 당신이 있기까지 가장 큰 도움이 되어준 것은 무엇입니까?"
놀랍게도 대답은 'Interpersonal Skill'이라는 것이었다. 우리말로 고치자면 '인간관계 구축 능력'이라고 할 수 있을 것이다. 마케팅도 아니었고, 매니지먼트도 아니었다. 그런 외면적인 비즈니스 스킬이 아니라 인간 대 인간의 관계를 공부한 일이었다는 것이다.
　그렇다면 이 능력이야말로 바로 표현술이 아닐까?
　자신이 생각하고 있는 것을 주위에 알려 이해시키고, 협력을 구하여 성과를 얻어낸다! 그야말로 표현력이 부족하다면 도저히 부릴 수 없는 재주가 아니겠는가?

　표현력에 따라서 일의 성과는 100이 되기도 하고 0이 되기도 한다. 아니, 마이너스가 되어버리는 경우도 적지 않다.
　예를 들어서 똑같은 악보를 가지고 같은 교향악단, 같은 연주자가 연주를 한다 하더라도 음악에 대한 평가는 지휘자에 따라서 얼마든지 달라지게 마련이다. 바로 지휘자의 표현력의 차이가 이런 결과를 만드는 것이다.
　어찌 보면 비즈니스맨도 지휘자와 같은 입장이 아닐까. 지휘자 혼자서 연주를 할 수 없는 것과 마찬가지로 혼자서는 일을 할 수가 없다. 할 수 있다 하더라도 그렇게 대단한 일은 아닐 것이다. 보다 다이내믹한 일을 하기 위해서는 주위의 힘을 끌어들여 뛰어난 하모니를 연출해내지 않으면 안 된다.

'당당하고 자신있는 유쾌한 표현술'이란 상대를 힘으로 설득하는 것이 아니다. 자연스럽고 확실하게, 상대로 하여금 나의 의도대로 하지 않으면 안 될 상황으로 몰고가야 한다. 가장 효과적으로 사람을 사로잡는 표현술을 말하는 것이다. 능력있는 비즈니스맨의 한 사람으로서 이 책을 완전히 당신의 것으로 만들어 성공하시길…….

나카지마 다카시

Contents

머리말 4

1 사람을 전율케 하는 표현술

위기를 기회로 만드는 표현술, 이것이 다르다 14
도장이나 메모를 이용한 훌륭한 표현술 16
'능숙한 매너'로 위기를 모면한 그랜드 호스티스 20
신인 여배우, '미숙한 표현술' 때문에 인기 하락! 23
사람의 마음을 은근히 사로잡는 '능숙한 표현력' 25
처음 만난 사람과 바로 친해진다! 27
비즈니스 세계에서 명함을 이렇게 사용하는 것은 금기! 30
자연스러운 표현력은 실력이 있다는 증거 32
정말로 일을 잘하는 사람은 사소한 것에서도 차이가 난다 34
자신만만한 표현력, 겸손한 표현력 37
강연에 너무 서투른 유명기업의 사장 40
상대에게서 'YES'를 받아낼 결정타를 날려라 43
적절한 시기에 적절한 표현을! 46
상대를 배려하는 한마디, '지금 통화 가능해?' 49
금메달을 따게 해준 한마디의 힘! 52

2 상대의 마음을 흔드는 여러 가지 표현법

능력 있는 사람일수록 일을 쉽게 한다   56
원숭이도 이해할 수 있는 표현술   58
말에만 의지하지 말라!   62
말보다 훨씬 더 임팩트가 강한 표현법   66
세상에서 가장 아름다운 인사   68
눌변인 사람에게 알맞은 표현술   71
어린아이라도 어른을 이렇게 감동시킬 수 있다!   74
'침묵 효과'로 사람을 움직여라!   77
기억에 남는 것은 강렬한 이미지   80
유창하게 이야기하기보다는 '막간'을 능숙하게 활용하라!   84
심금을 울리는 표현의 비결은 '막간'에 있었다!   87
명인(名人)에게서 배우는 막간을 두는 법   91

3 세계에서 가장 효과적인 표현술

마음을 열어주는 인사법   96
나의 인사는 몇 점짜리인가?   99
성지가 이상으로 얼굴을 판 사람   102
이름을 부르면 훨씬 더 친해진다   105
일류 호텔의 '세련된 표현력'   107

Contents

긴자(銀座) 마담에게서 배우는 '능숙한 표현술'   110
메일 매거진에서도 독자의 이름을 불러주는 게 인기 비결!   113
일류와 이류의 표현술의 차이   116
표현을 조금 바꾸는 것만으로도 판매율 상승의 효과!   119
거지를 구한 한마디   123
고객을 깜짝 놀라게 하는 표현으로 매출 상승   126
고객에게는 '찾기 쉬운 가게'가 최고의 만족!   129

4 사람을 움직이고, 사람을 활용하는 표현의 마술

첫 만남에서 자신을 얼마나 표현할 수 있는가?   134
이론만으로 사람은 따라오지 않는다!   138
나 대신 야단을 맞아주었다!   141
윗자리에 선 사람이 사용해야 할 표현!   144
실력 이상의 힘을 이끌어내는 표현술   148
당신은 여섯 가지 얼굴을 표현할 수 있는가?   150
'윗자리에 선 사람'이 갖춰야 할 여섯 가지 얼굴   152
모르는 것은 '모르겠다'고 대답하라   155
듣기 싫은 보고일수록 웃는 얼굴로 듣자   158
칭찬, 야단의 표현은 효과적으로 사용한다   162
야단을 쳐야 할 적기   165
'죽을힘을 다한다'는 사실이 사원들에게 전달되고 있는가?   168
마쓰시타 전기에도 도산의 위험이 있었다!   170

5 끊임없이 운을 불러들이는 프로의 표현술

운과 요행은 이미 충분히 주어져 있다! 176
능력 있는 인재는 자기만의 언어를 지니고 있다 178
자신에게 힘이 되는 말을 만들어보라 180
부정적인 입버릇부터 바꿔라! 183
행운의 여신을 불러들이는 웃음 186
행운이 등을 돌렸을 때 벗어나는 법 188
긍정적 사고는 극단적인 마이너스발상에서 태어난다 191
머리가 좋은 사람은 운이 좋지 않다 194
행운을 불러들이는 인사, '감사합니다', '죄송합니다' 197

1

사람을 전율케 하는
표현술

인생은 당신이 생각한 대로는 되지 않는다. 훨씬 더 멋진 일이 일어난다!
__나카지마 다카시

01

위기를 기회로 만드는 표현술,
이것이 다르다

"도장에는 마음이 드러난다. 이것을 처음으로 가르쳐준 사람은 가장 처음 만난 상사였다."

이것은 가네코 아키라(金兒昭, 와세다 대학 객원교수) 씨의 말이다. 신에쓰카가쿠코교(信越化學工業)라는 뛰어난 업적을 자랑하는 회사에서 경리담당 상무를 역임했던 인물이다.

나도 똑같은 경험을 한 적이 있기 때문에 이 말의 의미를 잘 알고 있다. 단지 그와 다르다면 나는 경리가 아닌 법인고객을 담당하고 있던 영업사원이었다는 것이다.

그런데 이 '도장에 마음이 드러난다'는 말의 의미를 당신은 이해할 수 있겠는가?

'그래, 맞아'라고 공감했다면 당신은 이미 '능력있는 사람'이지만 '응? 뭐라고?', '뭐가 문제야?'라고 생각한다면 아직 멀었다고 봐야 좋을 것 같다.

결론을 말하자면, 도장 하나로 지금 당신의 마음 상태가 마치 엑스레이로 비추듯 훤히 드러나, 상대에게 액면 그대로 전달된다는 것이다. 참으로 아찔하지 않은가!

도장 하나 때문에 그렇게 열심히 노력해서 간신히 따낸 계약이 아주 간단하게 파기되어 버리는 경우도 적지 않다.

실제로 이런 일이 있었다.

당신이 경영자라고 하자. 성실한 영업사원이 당신과 계액을 맺기 위해 몇 번이고 방문한다. 상품도 좋고 의욕이 넘쳐나는 영업사원을 보고 호탕한 성격의 당신은 '좋았어. 이 녀석 것부터 사주자'라고 생각했다.

"그럼, 견적서와 계약서를 가지고 오게."

기쁨에 넘친 그는 곧바로 두 가지 서류를 준비해 가지고 왔다. 그런데 그 서류를 보는 동안 당신의 얼굴은 점점 붉으락푸르락 변하기 시작했다.

"뭐야, 이 서류!"

"왜, 왜 그러십니까?"

"왜 그러시냐고? 자네는 우리 회사를 어떻게 보는 건가?"

"네?"

"한번 보게."

집어던진 서류를 보니 도장이 거꾸로 찍혀 있는 것이 아닌가?

"아, 이거(이거 큰일났다. 아니, 낭패다). 이거, 제 도장이 아닙니다."

"그건 이름을 보면 알 수 있네! 하지만 자네는 내용을 보지도

1장 | 사람을 전율케 하는 표현술

않고 상대에게 건네는가?"
"아니……, 상사가 잘했을 거라고 생각하고……."
"간도 보지 않고 음식을 내느냐고 묻질 않았나?"
"네, 간을 보지 않았습니다."
"거래 중지! 앞으로 찾아올 필요 없네."
"그러지 마시고 화를 푸십시오. 이 도장을 거꾸로 찍은 사람을 데리고 오겠습니다."
"아니, 그럴 필요 없네. 이건 우리 회사에 대한 자네의 마음이 이 정도밖에 되지 않는다는 증거일세. 돌아가 주게, 불쾌하니."
"……"

화는 조금도 풀리지 않았다.

'바보 같은 녀석. 도장을 거꾸로 찍다니……. 도대체 무슨 생각을 하고 있는 거야?'

그 사원도 화가 나서 회사로 돌아왔다. 상사는 몇 번이고 사과를 했지만 이미 엎질러진 물. 이 회사와는 두 번 다시 거래를 하지 못했다.

'좋은 사장님이었는데…….'

버스는 이미 떠났고, 이제 와서 아무리 후회해도 소용없다. 하지만 후회는 끝이 없다.

2
도장이나 메모를 이용한
훌륭한 표현술

도장을 거꾸로 찍는 경우는 물론 변명의 여지가 없겠지만, 비스듬하게 눌러서 한쪽 부분이 찍히지 않거나 인주가 부족해서 전체적으로 흐리게 찍히는 경우도 적지 않을 것이라고 생각한다.

나는 예전부터 몇 번이고 이런 뼈아픈 경험담을 들은 바가 있었기 때문에 영업사원 시절부터 지금에 이르기까지, 특히 도장에 대해서는 세심한 주의를 기울이고 있다.

이것은 기획회의 등에서 안건에 승낙 사인을 내릴 때도 마찬가지다.

'이것으로 결정된다', '돌이킬 수 없다'고 생각한다면 도장 하나를 찍는 데도 당연히 긴장감을 느끼게 될 것이다.

인주가 충분히 묻어 있는지, 도장이 깨끗하게 닦여 있는지, 밑에 평평한 것을 깔고 정확한 각도에서 잘 찍을 수 있도록 당연히 세심한 주의를 기울여야 한다.

당신도 비즈니스맨으로서의 운명이 걸린 일생일대의 커다란 일에 도장을 찍게 된다면 손가락이 떨릴 정도로 긴장을 하게 될 것이다. 예전에 부정사건에 대한 국회 청문회의 증인 심문에 불려나갔던 한 대기업의 부사장은, 사인을 할 때 손이 떨려 자신의 이름을 제대로 적을 수가 없었기 때문에 다른 쪽 손으로 팔을 누르고서야 간신히 사인을 할 수 있었다고 했을 정도다.

그런데 도장을 거꾸로 박다니! 그래서는 아무런 긴장감도 전해지지 않고 그저 '우리를 우습게 보고 있어. 아주 물로 본 게 틀림없어……'라고 상대는 당신을 무성의한 사람으로 결론지어 버리는 것이다.

나도 도장이나 받는 사람의 이름을 적은 것을 보고 상대의 태도, 자세, 기분, 마음가짐, 기대하는 정도 등을 유추해내고 있다. 글씨를 잘 쓰고 못 쓰고의 문제가 아니다. 나를 정중하게 대하고 있는지 아닌지 그것이 문제다. 만약 도장이 흐리게 찍혔다면 그 위에 다시 찍지 말고 서류를 다시 만들어서 다시 한번 도장을 찍는 성의를 보여라.

그렇게 하지 못한다면, 당신이 그렇게 바쁜 사람인가? 상대는 그렇게 적당히 대해도 될 만한 인물인가?

"이 사람 대체 뭐 하자는 거야?"

앞서 소개한 사장은 아니라 할지라도 이렇게 묻고 싶어지지 않겠는가!

'용두사미'라는 말처럼 제아무리 과정이 완벽했다 하더라도 가장 중요한 부분, 가장 중요한 핵심을 간과한다면 모든 것이 물거품이 되어버리고 만다. 유능한 사람에게 중요한 것은 처음과 끝이다. 중간은 적당히 해도 좋다는 말은 아니지만 시작과 끝, 이 두 가지는 핵심 중의 핵심인 것이다.

그 동안 제아무리 열심히 했다 하더라도 도장 하나 때문에 모든 것이 수포로 돌아가버린다면, 하루아침에 '십년 공부 도로아미타불'이 되어버린다면 너무나도 허무하지 않겠는가?

처음과 끝이 확실한 메시지를 보내라. 바로 이것이 '유능한 사람의 표현술'이다. 그런 의미에서 '겨우 도장? 그래도 도장'이라고 말할 수 있는 것이다.

> **One point** | 성공하는 사람의 표현술은 이것이 다르다!
>
> 도장이나 받는 사람의 이름을 적은 것을 보고 상대의 태도, 자세, 기분, 마음가짐, 기대하는 정도 등을 유추해낼 수 있다. 글씨를 잘 쓰고 못 쓰고의 문제가 아니다. 나를 정중하게 대하고 있는지 아닌지 그것이 문제다.

03

'능숙한 매너'로 위기를 모면한
그랜드 호스티스

'유능한 사람의 표현'은 사람의 마음을 흔들어놓을 뿐만 아니라 때로는 전율을 느끼게 하는 경우도 있다. 즉, 감동을 불러일으키는 것이다.

그런데 표현의 수단을 '언어'로만 한정지을 수는 없다. 웃는 얼굴이나 인사도 훌륭한 표현방법이다.
외국 항공회사에서 본 장면을 소개하겠다.
로비는 발디딜 틈이 없을 정도였다. 아무래도 돌발상황이나 문제가 생겨서 비행기가 뜨지 못하게 되어 다른 노선으로의 변경을 신청하는 사람들이 한꺼번에 몰려든 듯했다.
세계 어느 나라에서든 항공기의 지연이나 비행 중지는 흔히 볼 수 있는 일이다. 아무런 사고 없이 목적지에 도착하면 그것만으로도 행운의 절반은 얻은 셈이라고 생각해도 좋을 정도이다.

나는 어떤 나라에서 사흘 동안이나 발이 묶여 있었던 적도 있었다. 비행기가 오지 않는다는 안내방송을 시작으로 다음은 엔진 이상, 그 다음은 아무래도 기체에 이상이 있는 것 같다는 내용이었다. 결국 오리무중, 끝내 진상은 밝혀지지 않았지만 틀림없이 수지가 맞을 만큼 승객이 모이지 않았기 때문이었을 것이다.

이런 이유로 2, 3일 정도 늦어지는 것은 흔히 있는 일이다. 물론 그러면 현장은 아수라장이 된다. 때에 따라서는 살기가 감돌기까지 한다. 특히 일시 귀국하려던 외국인 노동자들과 맞닥뜨리게 되면 그들은 한층 더 진지하고 박력이 있기 때문에 더욱 무거운 살기가 감돈다.

자, 지금부터가 진짜 문제다.

이 수많은 승객을 멋들어지게 요리하는 그랜드 호스티스와 전혀 대처하지 못하는 그랜드 호스티스, 이렇게 두 부류의 인간이 있다. 같은 수의 승객들이 늘어서 있음에도 불구하고 눈에 띄게 수가 줄어드는 창구가 있는가 하면 전혀 줄어들지 않아서 승객들을 초조하게 만드는 창구도 있다. '이럴 줄 알았으면 옆줄에 설 걸 그랬다'라는 푸념까지 들려온다.

멋들어지게 대처하고 있는 그랜드 호스티스는 눈썹을 휘날리며 일을 하면서도 여유로운 모습을 잃지 않는다. 그녀는 눈앞에 있는 승객의 업무를 처리하면서도 뒤에 있는 승객에게 신경을 쓰고, 그 뒤에 있는 승객, 그보다 훨씬 뒤에 있는 승객에게도 윙크를 보내기도 하고 미소를 던지기도 한다. 물론 승객들도 미소를 지을 수밖에. 이 평화로운 커뮤니케이션 속에서 줄이 점점 줄어간다.

이런 여성들을 보면 나는 '장난을 걸거나 치근덕거리는 사람들을 떨쳐버리기 위해서 더욱 바쁘게 움직이는 게 아닐까?'라고 생각하곤 하지만 아무래도 그런 불손한 손님은 없었던 듯했다.

한편, 줄이 줄어들지 않는 쪽의 그랜드 호스티스는 전체의 흐름을 보지 못한다. 즉, 얼마나 많은 사람들이 줄을 서 있는지, 줄어들고 있는지 등을 체크하지 못한 채 아래만 내려다보고 있다. 승객들도 초조함을 느낄 뿐.

차이점을 한마디로 표현하자면, 승객을 능숙하게 대하고 있는 쪽은 업무처리 속도도 빠르지만 그것 이상으로 줄을 서 있는 승객들과의 커뮤니케이션에 능숙한 것이다. 빙그레 미소를 던지는 것만으로도 기다리는 시간을 순간적으로 잊어버리게 한다. 이 표현술이 승객의 초조함을 날려버리는 것이다.

승객이 창구에 도착하기까지 '능숙한 매너'로 얼마나 '좋은 인간관계'를 만들 수 있는가? 이것이 '점점'과 '전혀'라는 차이를 낳는 것이다.

One point | 성공하는 사람의 표현술은 이것이 다르다! |

승객을 능숙하게 대하고 있는 쪽은 업무처리 속도도 빠르지만 그것 이상으로 줄을 서 있는 승객들과의 커뮤니케이션에 능숙한 것이다. 빙그레 미소를 던지는 것만으로도 기다리는 시간을 순간적으로 잊어버리게 한다. 이 표현술이 승객의 초조함을 날려버리는 것이다.

4
신인 여배우,
'미숙한 표현술' 때문에 인기 하락!

공항의 그랜드 호스티스의 경우에는 뒤쪽에 있는 승객들까지 배려하고 마음을 쓰는 표현이 중요하지만, 이것이 스타나 연예계, 작가 사인회 등의 경우에는 완전히 역효과를 내게 되니 주의하기 바란다.

즉, 뒤쪽에 신경을 쓰게 되면 연예계 생활에 지장을 받을 수 있다. 눈앞에 있는 사람에게 모든 신경을 집중시키지 않으면 안 된다.

이유는 이렇다. 예를 들어 신인 여배우의 팬 사인회에서 여배우의 손이라도 잡아보고 싶어하는 팬들이 구름처럼 몰려들었다고 하자. 상냥한 성격의 여배우는 팬들을 기다리게 해서 미안하다는 생각에 몇 번이고 뒤쪽에 있는 사람들을 주의깊게 바라본다.

'아직도 저렇게 많네. 이렇게 기다리게 하다니, 미안해서 어

쩌지…….'
　여배우는 이렇게 생각하고 있다. 그런데 이런 행동이 줄을 서서 기다리고 있는 팬들의 눈에는 어떻게 비칠까?
　우선, 드디어 자기 차례가 된 팬,
　'저 끝에 줄을 서서 간신히 여기까지 왔는데, 뭐야 뒤쪽에만 신경을 쓰고 나는 전혀 쳐다보지도 않잖아. 칫, 기분 나쁘게.'
　기다리고 기다리던 악수에도 힘이 들어가 있지 않아 형식적이라고 느끼게 된다. 결국 이 사람은 더 이상 팬이기를 거부하게 된다.
　그렇다면 이번에는 줄을 서서 기다리는 팬은 어떨까?
　'아직도 이렇게 많이 남았나 하는 표정으로 자꾸만 이쪽을 바라보네. 하긴, 이렇게 많은 사람들과 악수를 해야 한다면 누구든 좋아할 리 없겠지. 그래도 너무 노골적이잖아.'
　이것이 바로 팬들의 입장이다. 배려하는 마음에서 한 행동이 완전히 역효과를 내게 되는 것이다.
　그렇다면 대체 어떻게 하면 되겠는가?
　이럴 경우에는 자기 눈앞에 있는 팬에게만 웃음과 악수, 인사를 하면 되는 것이다. 이쪽저쪽으로 분산시키지 말고 감사의 마음을 한곳에 집중시킬 것, 이것이 가장 중요한 '매너'인 것이다.
　'내 차례가 되면 저렇게 웃는 얼굴로 인사를 해주겠지.'
　팬은 이런 한 순간의 표현을 기대하면서 줄을 서서 기다리고 있는 것이다. 일생에 단 한 번뿐인 만남으로 인기가 올라가기도 하고 내려가기도 한다.

05
사람의 마음을 은근히 사로잡는
'능숙한 표현력'

'나는 배우가 아니기 때문에 그런 경험은 없습니다.'

하지만 비즈니스맨도 이와 비슷한 경험을 적잖이 했을 것이다.

나도 몇 번이나 비슷한 경험을 한 적이 있다. 자신에게는 나쁜 마음이 전혀 없었는데 생각지도 못했던 반대 결과가 나버리게 되는 것이다.

예를 들어 결혼식 피로연을 마쳤을 때다.

신랑·신부, 주례, 양가의 대표자(양친)가 늘어서서 참석자들에게 인사를 하고 배웅을 하는 것이 관례인데, '참석해주셔서 감사합니다'라며 머리를 숙이고는 시선은 눈앞에 있는 사람이 아닌 다음 사람, 또 그 다음 사람에게로 가 있는 경우가 많다.

창립 몇 주년의 기념행사 때도 마찬가지다. 주최측 간부들이 입구에 모여 참석자들에게 인사를 할 때 자세히 살펴보면 시선이 악수를 하고 있는 상대가 아닌 다음 사람에게로 가 있는 경우가 적지 않다. 아니, 이런 경우가 허다하다.

한 회사의 감사파티 때 사장, 회장을 비롯한 모든 간부들이, 이야기를 하고 있는 상대에게는 전혀 신경도 쓰지 않고 모든 신경을 다음 사람에게 쏟고 있었던 그런 경우도 있었다.

이런 인사라면 차라리 하지 않는 편이 낫다. 이런 인사는 하면 할수록 오히려 사람들의 마음이 떠나버리기 때문이다.

모처럼만의 파티, 감사회, 피로연이 엉성한 마무리 때문에 안 하느니만 못한 것이 되어버린다. '눈을 마주친다'는 표현의 의미에 대해서 잘 생각해보시기 바란다. 그것은 '다른 누구도 아닌 당신에게 인사를 하고 있습니다'라는 메시지인 것이다. 도대체 누구에게 인사를 하고 있는 것인지 알 수 없는 인사는 하지 않는 편이 낫다.

어차피 해야만 하는 인사라면 상대를 향해서 하라. 시간은 충분하다. 상대가 도망갈 염려도 없다. 상대는 줄을 서서 순서를 기다리고 있다.

시야에 들어온 순간 인사를 하는 것은 너무 빠르다. 잠시 기다렸다가 상대가 눈앞에 왔을 때, 바로 그 순간 감사의 마음을 마음껏 표현하면 된다.

이것이 사람의 마음을 사로잡기 위한 '유능한 표현력'이 아닐지?

06

처음 만난 사람과 바로 친해진다!

영업에 있어 루트 세일즈처럼 언제나 같은 사람하고만 일을 하게 된다고는 말할 수가 없다.

대부분의 경우 신규고객을 확보하기 위해서 처음 만나는 사람을 상대하게 되는 경우가 많을 것이다.

이때, 명함은 없어서는 안 될 물건이다. 나는 '명함은 곧 나의 얼굴'이라고 생각한다.

이 명함을 받는 모습을 통해서도 상대가 어떤 생각을 가지고 있는지를 엑스레이를 찍은 것처럼 꿰뚫어볼 수 있으니, 재미있는 일이다.

당신은 명함을 주고받을 때, 어떻게 하고 있는지 생각해 보시기 바란다.

나의 경우는 이렇다. 명함을 두 손으로(명함 케이스를 들고 있어서 한

손으로 받는 경우도 있다) 받으면 바로 넣지 않고 이름을 확인한다. 특별히 읽기 어려운 이름은 명함의 뒷면에 알파벳으로 이름이 쓰여 있기 때문에 확인하면 된다.

"어려운 이름이네요. 제대로 읽는 사람이 거의 없지 않습니까?"

"거의 없어요. 얼마 전에 딱 한 사람 있었어요."

"어느 지방에 많이 살고 있는 성입니까?"

"그게 말이죠……."

라며 한바탕 이름에 대한 강좌가 시작된다. 참 재미있게 상대에게 다가갈 수 있는 경우다.

명함을 받자마자 곧바로 집어넣는 사람이 적지 않은데 나는 집어넣지 않고 계속 테이블 위에 올려놓는다.

"○○라고 읽죠? ○○지방 출신이십니까?"

"어떻게 아셨습니까?"

"실은 학교 다닐 때, 친구 중에 같은 성을 가진 ○○라는 사람이 있었습니다. 그래서 혹시나 하고."

"어! 내 조카인데."

세상은 좁다. 정말로 이런 경우가 몇 번이나 있었으니 말이다.

'아니요, 후쿠오카 출신입니다'라며 틀려도 상관없다. 이것으로 후쿠오카 출신이라는 정보를 입수하게 되지 않았는가?

"후쿠오카는 음식이 맛있기로 유명하죠? 소박하고 정직해서 그곳 사람들을 아주 좋아합니다. 제 아내도 규슈 사람입니다."

"어딘데요?"

"구마모토입니다."

"아, 거기도 좋은 데죠."

"네, 좋은 곳입니다. 아, 일 년에 두 번 단식도장에 가기 위해서 후쿠오카에 갑니다."

"그렇습니까? 단식도장이라…… 처음 들어보는데요."

"단식 전에는 한동안 못 먹게 될 것을 대비해서 언제나 맛있는 요리집에 가서 마음껏 음식을 먹습니다. 알고 있는 음식점이 있으면 소개해 주십시오."

"거야 문제없죠."

처음 만난 사람과 이런 이야기를 하는 동안 자신도 모르게 이름과 얼굴을 기억하게 되는 것이다.

'얼굴하고 이름이 연결이 안 돼서 힘들어요'라고 말하는 영업사원들이 적지 않은데 직업상 이것은 손해다.

원인은 한 사람 한 사람의 고객과 이야기를 나누는 시간이 적다는 데 있다. 그렇다면, 나처럼 명함을 매개로 여러 가지 질문을 해서 정보를 이끌어낸다면 적어도 얼굴과 이름 정도는 기억할 수 있을 것이다.

지금까지 적어도 3만 명 이상의 경영인, 비즈니스맨을 만나왔는데, 이름과 얼굴 대부분을 기억하고 있는 것은 바로 이런 일을 반복해서 행해왔기 때문일 것이다.

07

비즈니스 세계에서
명함을 이렇게 사용하는 것은 금기!

상대가 한두 명일 경우 적어도 그 자리에서만은 이름 정도는 기억할 수 있지만, 상대가 3~5명 정도 되면 '저 사람 이름이 뭐였더라?'라며 누가 누군지 전혀 분간 못하고 포기하기 십상이다.

그래서 이렇게 많은 사람들이 모이는 장소에서는 명함을 자리에 앉은 순서대로 놓으려고 한다.

실제로 이것은 '여러분의 이름을 확실하게 외우고 싶다'는 메시지가 되기도 한다. 물론 첫 만남에서도 좋은 인상을 줄 수 있는 표현이라고 생각한다.

실수로라도 명함을 위아래로 놓거나 겹쳐놓지 않도록 주의해야 한다. 면담중에도 잽싸게 명함을 집어넣는 일은 절대로 없어야 한다.

상대가 상사와 부하일 경우에는 상사의 것을 위에, 부하의 것을 아래에 놓지 말고 옆으로 늘어놓도록 하라. 만약 당신의 명함이 아래에 놓인다면 어떤 느낌이 들겠는가?

'왜 내 명함이 아래고 과장님 명함이 위에 있는 거지? 물론 상사니까 어쩔 수 없다고는 하지만, 그래도 이번 일에서는 내가 중심이란 말이야.'

아무리 하찮은 존재라도 나름대로 감정이 있는 법이다. 하물며 상대는 인간이 아닌가. 누구에게나 체면이 있는 법이다.

특히 남자들의 세계에서는 그것이 강하다. 비즈니스맨과는 다르지만 무뢰한들 사이에서는 이러한 문제를 피하기 위해 모이는 자리에 일부러 검은 먹으로 커다랗게 '사방동렬(四方同列)'이라고 써서 내걸 정도다.

비즈니스맨의 경우에는 그렇게 할 수 없을 테니 '명함을 나란히 늘어놓는 태도'로 그것을 은연중에 표현해주길 바란다.

이것이 능숙함에서 나오는 배려라고 생각한다.

One point | 성공하는 사람의 표현술은 이것이 다르다!

실수로라도 명함을 위아래로 놓거나 겹쳐놓지 않도록 주의해야 한다. 면담중에도 잽싸게 명함을 집어넣는 일은 절대로 없어야 한다.

08

자연스러운 표현력은
실력이 있다는 증거

이세탄이라는 백화점에서 실력을 쌓은 후, 최근 회사갱생법의 적용대상이 된 후쿠스케(福助) 기업의 사장으로 취임한 후지마키 유키오(藤卷幸夫)라는 사람이 있다. 나의 고향 요코하마의 모토마치에 있는 기타무라(핸드백 제조회사)의 전무이사를 역임한 사람이다.

"비즈니스맨은 넥타이 하나 사는 것도 부인들에게 맡긴다. 전철 속의 비즈니스맨들은 모두 회색과 같은 무난한 것들만 매고 있다. 자기만의 색깔이 전혀 없다. 지나치게 평범하다. 이래서는 안 된다.
 우선 색부터 넣자. 바다를 좋아하기 때문에 파란색이 좋다면 그것도 괜찮다. 기타무라의 사장은 오렌지색을 좋아한다. 넥타이에도, 편안하게 입는 폴로셔츠에도 오렌지색이 들어간다. 언제나 태양과 같이 밝고 힘차게 살아가고 싶다는 것이다. 자기의 개성을 담은 색으로 자신을 표현하자."

옷의 어딘가에 언제나 빨간색 점을 하나 숨겨두거나 언제나 하얀색을 기본으로 옷을 입어도 괜찮다. 취향이나 센스, 습관은 숨겨도 표면에 나타나게 마련이므로 몇 시간이고 면접을 할 필요가 없는 것이다. 한순간의 종합적인 이미지로 그 사람의 됨됨이를 어느 정도 정확하게 파악할 수 있다는 것이다.

'사람을 겉모습으로 판단해서는 안 된다'는 말이 있지만 반드시 그렇지만도 않다.

사람은 겉모습에 의해 크게 좌우된다. 그런 만큼 옷, 태도, 언어에 그 사람의 인격, 품격이 나타나게 된다.

일을 잘하는 사람인지 아닌지, 이것도 조그만 표현으로 간단하게 꿰뚫어볼 수가 있다. '응? 이 사람? 믿음직스럽지가 못해', '실패할 것 같다'고 느꼈을 때, 어떤 장면에서 믿음직스럽지 못하다고 느꼈으며, 일을 못한다고 판단을 하게 되었는지 그것을 명확하게 해두자. 그렇게 하면 그 조건이 뇌라는 컴퓨터에 입력되어 직감이 움직이게 된다. 이런 일을 되풀이하면 자신도 모르게 뛰어난 위기관리 능력을 갖게 된다.

누구나 인정하는 엘리트가 아님에도 불구하고 '능력이 있는 사람'은 평범한 말, 태도에서 그것이 드러나게 된다. 지위, 여유, 그도 아니면 실력을 바탕으로 한 자신감이 아닐까.

틀림없이 인간을 볼 때의 주안점이 다른 것이라고 생각한다. '인목이 높다'는 말로 표현해도 괜찮을 것이다.

09
정말로 일을 잘하는 사람은
사소한 것에서도 차이가 난다

정말로 일을 잘하는 사람인지 아닌지를 꿰뚫어볼 수 있는 것은, 커다란 일이 아니라 작은 일을 얼마나 잘 처리하고 있는가를 보면 잘 알 수 있다.

내가 고문으로 있는 곳의 사장과 이야기를 나누고 있었을 때의 일이었다. 새로운 사업계획서를 몇 장 준비하고 있었는데, 마침 스테플러의 심이 떨어졌다. 당황한 사장이 비서를 불렀다.
"스테플러 심 좀 가져다주겠나?"
"네."
이렇게 대답하고 가져온 것은 바로 스테플러. 그 안에는 심이 가득 들어 있었다. 사장이 가지고 있던 빈 스테플러를 받아들고는 곧바로 방 밖으로 나갔다.

"멋지군!"

나는 자신도 모르게 이런 말을 해버렸다.

나는, 일을 잘하는 사람은 단순작업을 시켜도 뛰어나게 잘 처리한다는 사실을 알고 있다. 능력이 있는 사람은 큰일 외에는 관심이 없다는 둥 사소한 일은 못한다는 둥 하지는 않는다. 일을 잘하기 때문에 어려운 일도 잘하지만, 잡무처리를 시켜도 뛰어나게 잘한다.

어째서일까? 그것은 시점이 다르기 때문이다. 한마디로 말하자면 시점이 다각적(多角的)이기 때문이다.

쉽게 이야기해보자.

① 시점의 높이

돈이 될 만한 것인가 아닌가, 라이벌에게 이길 수 있을 것인가 아닌가와 같은 평범한 시점이 아니라 이 일이 회사에 공헌할 수 있는 일인가 하는 시점에서 바라본다. 즉, 대의명분을 세우는 데 능숙하다. 20대 비즈니스맨들 중에서도 이런 사람이 존재하기는 한다. 20대 때부터 사장처럼 말하고, 사장처럼 판단하고, 사장처럼 행동한다. 리더십과 나이는 상관이 없다.

② 시점의 길이

지금, 바로 결과를 구하는 것이 아니라 1년 후, 2년 후에 정답이 될 만한 해답을 찾으려고 한다. 단기간이 아니라 장기간, 장기적인 안목으로 계산하고 판단한다. 그러한 잣대를 가지고 있다.

③ 시점의 깊이

하나의 일에 대한 철학이라고 할 수 있을 만한, 깊이 고민한 흔적이 보이는 시점으로서 생각에 생각을 거듭한 끝에 나오는 창의적인 생각을 엿볼 수 있다. 앞서 말한 스테플러에 관한 이야기는 아주 사소한 풍경이다. 하지만 거기에는 자신만의 머리로 궁리한, 플러스 알파의 생각이 담겨져 있지 않은가?

보통은 사장이 지시한 대로 스테플러의 심만 가지고 올 것이다. 지나치게 부족한 점 없이 지시 받은 일을 정확하게 수행하는 것으로서, 이것도 나쁘지는 않다. 하지만 한 발 더 나아가 생각하면 마음 씀, 배려가 보이며 일에서도 성과를 거둔다. 이것은 판에 박힌 듯한 일을 묵묵하게 수행하는 것만으로는 불가능한 일라고 생각한다.

상대의 입장에 서서 팀 플레이를 할 수 있는 이러한 인재(人財)를 사이초(最澄, 767~822, 일본 천태종을 개종한 인물—역자 주)는 '국보(國寶)'라고 불렀다(한쪽 구석을 비추는 자, 이는 국보다).

반대로 가장 시점이 낮은 것은 '내가, 내가'를 외치는 이기적인 사람이다. 팀의 성적보다도 개인의 성적만을 생각하는 사람으로서, 이런 사람은 전체에 대한 시점이 없기 때문에 개인으로서는 능력을 발휘하나 전체에는 부적합한 인물이다. 야구나 축구에 비유해서 말하자면 개인기, 개인 성적은 뛰어나지만 팀 플레이에는 전혀 협력을 하지 않는 선수라 할 수 있다.

10
자신만만한 표현력,
겸손한 표현력

표현력은 자신의 사고방식을 상대에게 전달하는 기술이다. 이 능력을 가지고 있으면 상대를 자기 뜻대로 움직일 수 있을 것이다.

반대로, 결정적으로 표현력이 부족하다면 틀림없이 타인의 생각대로 움직이게 될 것이다.

그런 점에서 늘 걱정이 되는 것이 바로 우리나라의 정치가들이다.

선거에서는 이긴다. 그렇다고 표현력이 뛰어난가 하면 그렇지도 않다. 우리나라의 경우 선거에서의 당락 여부는 표현력과는 그다지 관계가 없는 듯하다.

정치기 중에서도 최고의 자리라고 일길어지는 내신의 사리에 오른 사람의 취임인사를 들으면 눈앞이 캄캄해질 정도다.

"이번에 생각지도 못하게 국무대신의 자리에 오르게 된 ○○입니다. 앞으로 예의 노력하며 공부하여 열심히 임무를 수행하겠습니다."

어쨌든 정치의 프로다. 아마추어가 아니다. 지금부터 공부를 한다니 늦은 것 아니겠는가? 겸손함을 호소하는 것도 좋지만 포부나 경륜(經綸)이 너무 부족하지 않은가?

"이날을 기다리고 있었습니다. 이렇게 된 이상, 저의 지론인 우체국의 민영화를 반드시 실현시키겠습니다."

조금 과장을 해도 좋으니 이렇게 단도직입적으로 표현을 하는 것은 어떨까?

이와 같은 모습은 파티, 관혼상제, 강연회를 비롯하여 조그만 모임에서 건배를 할 때도 그대로 나타난다.

"선배님들에 비하면 이렇다 할 기술도 능력도 없습니다. 배움이 부족하고 능력은 없지만 이렇게 지명을 받게 되었습니다. 외람된 말씀이지만, 임기가 다할 때까지 소임을 다하겠습니다."

거의 모든 사람이 첫인사를 이렇게 시작한다. 50, 60대는 물론 20, 30대 비즈니스맨들까지도 이를 흉내낸다.

지금까지 '제 인사는 인기가 아주 좋습니다. 공짜로 들려드리기에는 아깝습니다. 하지만 이번만은 주최자의 체면을 생각해서 이야기를 하겠습니다. 여러분들은 오늘 아주 운이 좋으신 겁니다'라는 등의 인사는 들어본 적이 없다.

하지만 서양에서는 일반적으로

"여러분들은 오늘 아주 운이 좋으십니다······."

라며 갑자기 잽을 던지는 것으로 말문을 열어 사람들을 사로잡는다.

처음부터 이런저런 이유를 대거나 변명을 하는 것보다는 훨씬 더 세련된 인사법이다. 앞으로는 이런 인사법이 통할 것이다. 이야기의 핵심을 콕 집어 재치있게 자신만의 인사를 개발해 보기 바란다.

> **One point** | 성공하는 사람의 표현술은 이것이 다르다!
>
> 표현력은 자신의 사고방식을 상대에게 전달하는 기술이다. 이 능력을 가지고 있으면 상대를 자기 뜻대로 움직일 수 있을 것이다.

11
강연에 너무 서투른 유명기업의 사장

지금까지 약 3만 명의 경영인과 비즈니스맨을 만나보았지만 표현력은 일하는 능력과 상관관계가 있는 게 확실하다.

즉, 표현력이 좋은 사람은 일도 잘하며, 일을 잘하는 사람은 표현력도 좋다. 표현력이 있기 때문에 일에서도 성공을 거둔 것이며, 일을 잘하기 때문에 표현력이 빛을 발하는 것이다. 일을 하는 능력과 표현력은 떼려야 뗄 수 없는 관계에 있다.

그런데 표현력에는 내향적인 것과 외향적인 것이 있으며 그들의 힘이 서로 다르다는 사실을 가르쳐준 사람이 있다.

요시모토코교(吉本興業)의 전 회장인 나카무라 히데오(中邨秀雄) 씨다. 이 사람은 일의 귀재다. 어쨌든 웃음 비즈니스에 목숨을 걸었다고 해도 좋을 인물이다.

예전에 내가 주재하고 있는 스터디그룹에 강사로 초빙한 적이 있었는데, 그분은 말로 표현할 수 없을 정도로 눌변이었다. 탤런트의 출연료에 대한 이야기로 웃음을 자아내더니 그것으로 침묵. 더 이상 이야기를 하지 않았다. 그때나 지금이나 요시모토코교는 끊임없이 각광을 받고 있기 때문에 최고 경영자인 나카무라 씨는 좋든 싫은 눈에 띄게 되며 여기저기서 초대하려고 한다. 당연히 몇 번이고 강연을 의뢰 받았는데(어찌 된 일인지 대형 광고제작사에서 나에게 의뢰를 해온다), 그때마다 '30분, 아니 20분 정도 이야기를 하게 한 뒤에 나머지는 질문에 답하게 하는 게 좋을 겁니다'라는 충고를 해온다. 그만큼 눌변이다.

그런데 비즈니스에서만은 매우 뛰어난 표현력을 자랑한다. 특히 임원을 비롯하여 간부들을 야단칠 때는 무시무시한 힘까지 느껴질 정도다. 그 정도로 표현력이 뛰어나면서도 강연을 통한 고객 서비스는 완전히 엉망이니 참으로 재미있다고 하지 않을 수 없다.

이는 내향적인 표현력에는 뛰어나지만 외향적인 표현력에는 재주가 없는 사람의 전형이라고 할 수 있다. 물론, 경영자에게 있어서 가장 중요한 것은 회사의 업적이지 자신의 이야기를 남에게 늘어놓는 것은 아니다. 경영자가 탤런트나 강사는 아니기 때문이다.

하지만 앞으로 경영인, 특히 벤처기업이나 사업을 일으킬 생각이 있는 사람이라면 외향적인 표현력도 갖추어야 할 것이다. 왜냐하면 투자가들은 '회사=경영자'라고 여기고 있으며, 얼마만큼 설득력 있는 설명이 가능한가에 따라서 투자 여부, 투자액이 천지 차이로 달라지기 때문이다.

금융기관이나 투자가, 제휴업체, 거래처를 전율케 하는 표현력이 없으면 투자는 0이 되어버린다. 그만큼 사업을 일으키려는 사람들은 언제나 선전의식을 가지고 일을 하지 않으면 안 되는 것이다.

예전에 다테카와 단시(立川談志) 씨가 이런 말을 한 적이 있었다.

"내가 이야기를 하면 그곳은 매디슨 스퀘어 가든이 되기도 하고 카네기 홀이 되기도 한다."

자신의 표현력에 대해서 이처럼 커다란 자신감을 가지고 있기 때문에 그는 바로 프로인 것이다.

'이야기하는 데는 도무지 재주가 없어서'라고 한다면 앞으로는 살아남기 어려울지도 모르겠다.

> **One point** | 성공하는 사람의 표현술은 이것이 다르다! |
>
> 경영인, 특히 벤처기업이나 사업을 일으킬 생각이 있는 사람이라면 외향적인 표현력도 갖추어야 할 것이다. 왜냐하면 투자가들은 '회사=경영자'라고 여기고 있으며, 얼마만큼 설득력 있는 설명이 가능한가에 따라서 투자 여부, 투자액이 천지 차이로 달라지기 때문이다.

12

상대에게서 'YES'를 받아낼 결정타를 날려라

지금 출판업계에서 활발하게 활동하고 있는 회사 중에 겐토샤(幻冬社)라는 곳이 있다. 1993년에 창업한 이후, 십 년 만에 자스닥에 주식을 공개한 회사이다.

사장인 겐조 토오루(見城徹) 씨는 가도카와쇼텐(角川書店)에 근무하고 있을 때, 이쓰키 히로유키(五木寬之), 쓰카코헤(つかこうへい) 씨 등과 같은 사람을 담당했던 유능한 편집자로 잘 알려져 있는데, 원래 문예분야에 약했던 가도카와쇼텐은 인기 작가로부터 신작 원고를 받지 못했다고 한다.

출판업자라면 누구나, 무슨 일이 있어도 인기 작가와 일을 해보고 싶은 열망을 갖고 있다. 하지만 지금까지 실적이 없는 출판사가 인기 작가의 원고를 손에 넣기란 참으로 어려운 현실이다. 내 자신도 뼈아플 정도로 경험해 왔기 때문에 잘 알고 있는 문제다.

당연히 나름대로 여러 가지로 설득을 해보았을 것이다. 예를 들어 '바로 이 사람!'이라고 생각되는 작가의 작품은 아무리 조그만 칼럼이라 할지라도, 비록 대담 형식의 글이라 할지라도 읽은 후에 반드시 곧바로 감상문을 써서 보낸다. 입에 발린 칭찬이나 아부가 아니라 제대로 된 비평이 주된 내용임은 말할 필요도 없다.

이쓰키 씨의 경우는 18통 정도를 보낸 후에 '여러 가지로 읽어주셔서 감사합니다'라는 답장이 왔고, 25통을 보내고 나서야 비로소 작가와 만날 수 있었다. 그리고 결국에는 잡지 연재를 따내게 되었으며, 단행본으로도 50만 부 판매라는 베스트셀러를 기록한 『불타는 가을』을 열매 맺게 하였다.

일단 구축하게 된 인간관계는 강력한 힘이 된다. 그가 독립을 하자 이쓰키 씨는 300만 부의 판매를 기록하게 되는 작품 『대하의 한 방울』을 그의 출판사에서 출판하도록 허락해주었다.

어느 날, 겐조 씨가 작가에게 어떤 결정타를 날렸는지를 듣고는 '과연!' 하며 무릎을 두드리지 않을 수 없었다.

"좀더 읽고 싶습니다."

"좀더 쓰고 싶지 않으십니까?"

'독자가 읽고 싶어한다'가 아니라 '내가 읽고 싶다', '선생님께서도 계속해서 더 쓰고 싶지 않으십니까?'라는 과정을 거치는 것이다. 이런 식으로 의뢰를 받는다면 누구나 자신도 모르게 'Yes'라고 대답을 하게 되지 않을까?

출판계란 참 재미있는 곳으로서, 대형 출판사에서 출판을 했다고 해서 반드시 팔린다고 장담할 수 없으며, 아무도 모르는 영세 출판사에서 출판했다고 해서 팔리지 않는다고 장담할 수도 없다. 편집자의 생각에 따라서 얼마든지 팔릴 수도 있고 팔리지 않을 수도 있는 예측 불가능한 세계다.

『해리 포터』가 바로 그와 같은 전형적인 예로, 세 권만으로도 합계 1,100만 부를 판매한 도깨비 방망이와도 같은 기획이 되었는데, 이 책의 일본측 출판사(사이잔샤(靜山社), 사장 마쓰오카 유코 씨)는 사원 수가 겨우 두 명에 불과한 아주 작은 출판사이지 않았는가?

영국의 서점에서 처음으로 본 아동서의 제1권을 밤새 읽은 사이잔샤의 사장은 곧바로 작가에게 전화를 했다고 한다. 물론 꼭 번역을 하게 해달라는 의뢰를 했다. 이 출판사는 ALS(근위축성측색경화증)라는 난치병과 투쟁하고 있는 환자들의 수기 등을 출판하고 있었는데, 그에 그치지 않고 순수하게 자원봉사로 일본 ALS 협회를 설립, 활동을 전개하게 된다.

『해리 포터』의 번역을 허가받았을 때, 마쓰오카 씨가 한 말을 잊을 수가 없다.

"역시 천국에 있는 남편의 힘이 작용하고 있었던 듯합니다."

주파수만 맞는다면 작가는 대형 출판사의 의뢰를 거절하고 기꺼이 작은 출판사에서 책을 출판한다. 이것은 한마디로 '이 사람과 일을 해보고 싶다'는 생각을 갖게 하는 편집자의 인간성에 끌려서일 것이다. 회사의 이름이 아닌 의욕, 열의, 강렬한 생각이 있기 때문에 바로 '그렇다면 당신에게 맡기겠다'고 상대가 말하도록 만드는 것이다.

그렇다면, 이 말을 하면 상대가 반드시 'YES'라고 대답하세 될 그런 결정타를 당신은 가지고 있는가?

13

적절한 시기에
적절한 표현을!

생선초밥, 카이세키(懷石, 차를 마시기 전에 내는 간단한 식사―역자 주) 요리, 프랑스, 이탈리아 혹은 중화요리 등 일류 요리사에게 '요리에 있어서 가장 중요한 것은?'이라고 물으면 바로 다음과 같이 대답한다.

"시기입니다."

그렇다. 고객의 눈앞에 내놓는 시기. 너무 빨라도, 너무 늦어도 요리는 맛을 잃게 된다.

물론 이것은 먹는 사람들에게도 해당되는 말로서, 언제 튀겼는지도 모르는 튀김을 먹는다면 그것이 맛있을 리가 없다. 만약 이런 손님이 있다면 '기껏 만들어놨더니 맛도 제대로 느낄 줄도 모르잖아!'라며 요리사는 슬퍼할 것이다.

이와 마찬가지로 표현에서 가장 중요한 것 역시 시기라고 생각한다.

그렇다면 어떻게 해야 적절한 시기를 잡을 수 있을까?

그것은 한마디로 관찰력에 달려 있다.

관찰력이란 상대를 찬찬히 살펴보는 일이다. 하지만 제아무리 관찰을 한다 하더라도 보는 눈이 없으면 아무런 소용이 없다. 정확하게 상황을 파악할 수 있어야 하는 것이다. 한 가지 덧붙이자면 같은 것을 보고도 얼마나 다르게 느낄 수 있는가? 즉, 감성도 필요한 것이다.

다시 말해 적절한 시기를 잡으려면 관찰력, 상황 판단력, 그리고 감성 이 세 가지를 갖추어야 한다.

한 예를 들어보자.

가스미가하라(霞が原)에 있는 동경 지방재판소에 가보면 민사·형사재판을 방청할 수가 있다. 물론 그 안에서 펼쳐지고 있는 것은 모의재판이 아닌 실제재판이다.

가장 많은 것이 공갈이나 각성제 중독을 둘러싼 재판인데, 이런 사건으로 재판을 받는 사람들 중에는 조직폭력배와 관계된 사람들이 많다. 재판이 시작되면 그들은 입을 모아 '반성하고 있습니다', '다시는 그러지 않겠습니다'라는 반성의 말을 한다. 하지만 복장을 살펴보면 번쩍번쩍 빛나는 금빛 자수가 들어간 특공복(特功服, 폭주족 젊은이들을 위해 만들어진 옷. 표면에 자수로 새긴 문자는 개인, 혹은 집단의 신념이나 의지를 나타낸다—역자 주)을 입고 있거나, 똘마니들 전용이라고 할 수 있는 모 유명 이탈리안 브랜드의 바지를 입고 있다. 물론, 뒤쪽에는 금 자수가 새겨져 있으며 등에는 호랑이 그림으로 디자인된 옷이다.

재판을 받을 때는 흔히 심증을 좋게 하기 위해 소박하고 차분한 복장으로 고개를 숙이고 반성하고 있다는 듯한 태도를 보인다. 속으로 무슨 생각을 하고 있는지 알 수는 없지만 적어도 겉모습만은 제대로 갖추어야 하지 않겠는가.

하지만 이 사람들은 재판관에게 좋은 인상을 줘야겠다는 생각이 눈곱만큼도 없다. 상식이 통하지 않는 이들에겐 재판이라고 별다르게 임해야 한다는 생각이 전무한 것이다.

그런데 이런 패션은 형사사건에서도 마찬가지다. '반성합니다', '다시는 안 하겠습니다', '명복을 빕니다'라고 말은 하지만 외관을 보면 재판관은 물론 방청객 중 누구 하나도 이를 믿을 수가 없을 것이다.

앞으로 우리나라의 일부 재판에도 미국식 배심원제도를 도입할 것이라고 한다. 복장부터 새로이 하지 않으면 안 될 텐데, 감성이 그것을 간파해내지 못한다면 이길 수 있는 재판에서도 결국 지고 말 것이다. 한마디로 예지력이 없으면 이길 수 없는 것이다.

하지만 잘 생각해보면 원래 예지력이 부족한 사람이기 때문에 죄를 저지른다는 사실을 알 수 있다. '이런 범죄행위는 체포감이야'라는 사실을 알고 있으면서도 '뭐, 어때? 괜찮아, 괜찮아'라며 후에 무엇이 기다리고 있는지 예측할 수 있는 힘이 없는 것이다. 그런 사람이 시기 같은 것을 생각할 리가 없다.

14
상대를 배려하는 한마디,
'지금 통화 가능해?'

시기를 잡지 못하면 원만한 인간관계를 구축할 수가 없다.

예를 들어 튀김요리를 하고 있을 때 마침 전화가 걸려오면 모든 순서가 엉망이 되어버리고 만다. 나도 '이 원고를 어떻게 할까' 하고 퇴고를 하고 있을 때 전화가 걸려와 모든 것이 엉망이 되어버린 경우가 한두 번이 아니었다(그래서 집필 중에는 전화를 받지 않는다).

그렇기 때문에 전화를 걸 때 가장 먼저 하는 말은 인사도 용건도 아니다.

'지금 통화해도 괜찮아?'라는 말이다. 이것도 시기를 생각해서 하는 배려인 것이다.

하지만 개중에는 받는 사람의 상황을 무시한 채 끝도 없이 말을 하는 사람도 있다.

마음이 약하기 때문에 상대에게 대놓고 말하지는 못해도 안절부절못하며 전화를 받는 경우가 허다하다. 그래서 나는 늘 전화를 먼저 걸면 꼭 '지금 통화 가능해?'를 먼저 묻고 확인한다.

"지금은 안 되겠어. 5분 후에 하면 좋겠는데."

"알았어. 5분 뒤에 다시 걸게."

이 한마디로 서로가 편해진다. 만약 그대로 전화를 계속한다면 '정말 타이밍 못 맞추는 녀석이라니까. 언제나 제일 바쁠 때 전화를 한단 말이야'라며 피해의식을 갖게 된다. 단 한마디만 확인하면 기분 좋게 살 수 있지 않겠는가?

전화는 일방적으로 걸려오는 '훼방꾼'이지만 그렇다고 무조건 무시할 수만도 없다.

바쁠 때에는 애초부터 받지 않는 방법도 있지만 현실적으로는 불가능하다. 아는 사람이나 거래처로부터 급한 일이 있어 걸려오는 전화일지도 모른다는 불안감이 앞서게 마련이다. 전화라는 것에는 그런 약점이 있다.

그런데 애석하게도 용건을 알기 쉽게 전달해주는 사람이 드물다. 결론부터 이야기를 해주면 좋을 텐데 그렇게는 하지 않는 것이다. 일에 관한 이야기는 결론부터 이야기를 하는 것이 철칙이다. 모두가 바쁘니 결론부터 이야기하는 것이 너무도 당연하지 않은가.

"그 기획서 아주 마음에 들었습니다. ○월 ○일경에 뵐 수 있겠습니까?"

"이번 기획은 차후에 다시 생각해보기로 했습니다. 이렇게 결정된 이유는……."

라는 내용만으로도 필요충분조건을 충족하고 있는 것이다. 자세한 내용에 대해서는 다음에 만났을 때 이야기를 해주면 된다. 전화로 뒷얘기를 해온다면 그것도 난처한 일이다.

참고로 상대가 비록 지인이나 친구, 일과 관계된 사람일지라도 나는 거의 잡담은 하지 않는다. 그것은 직접 만나서 해야 할 일이고, 전화는 용건만 이야기하면 된다고 생각하기 때문이다.

그런 만큼 아주 복잡한 내용이 아니라면 대부분은 1분 이내에 얘기가 끝나버린다.

당신도 이 생활 예절을 꼭 익히기 바란다.

"지금 통화 가능해?"

이 한마디를 잊지 말자.

One point | 성공하는 사람의 표현술은 이것이 다르다!

"지금은 안 되겠어. 5분 후에 하면 좋겠는데."
"알았어. 5분 뒤에 다시 걸게."
이 한마디로 서로가 편해진다. 만약 그대로 전화를 계속한다면 '정말 타이밍 못 맞추는 녀석이라니까. 언제나 제일 바쁠 때 전화를 한단 말이야' 라며 피해의식을 갖게 된다. 단 한마디만 확인하면 기분 좋게 살 수 있지 않겠는가?

1장 | 사람을 전율케 하는 표현술

15

금메달을 따게 해준 한마디의 힘!

"그 한마디로 되살아났다."
"그 한마디로 의욕이 생겨났다."

이것은 흔히 있는 일이다. 적절한 타이밍에 접하게 되는 표현술은 심금에 진하게 와 닿아 마음을 물들이기 때문에 사람의 마음을 흔들어놓고 전율케 한다.

그리고 만약 그 한마디에 중요한 정보가 숨겨져 있었다면 어떻겠는가? 예를 들어 시험 시간에 누군가 가만히 귀에 대고 정답을 속삭인다.

'그래, 그래. 그 정보를 얻고 싶었어."
'고맙습니다. 잘 들려주셨습니다."

하늘에 오를 것 같은 기분일 것이다.

시드니 올림픽 여자 마라톤. 이 경기에서 일본인으로서는 처음으로 올림픽 마라톤 금메달리스트가 된 다카하시 나오코(高橋尚子) 씨가 바로 한마디 말에 행운을 얻은 주인공이다.

이 레이스에서 그녀가 경계하고 있었던 선수는 마지막까지 접전을 벌인 리디아 시몬(루마니아)이 아니었다. '2시간 30분 43초'라는, 당시 세계 최고기록을 가지고 있었던 테그라 로루페(케냐)야말로 최대의 라이벌이었던 것이다.

그런 만큼 계속해서 선두를 달리면서도 다카하시 선수의 의식 속에는 뒤에서부터 단번에 선두로 뛰쳐나올 로루페에 대한 두려운 이미지가 있었음은 말할 필요도 없을 것이다.

마라톤에서 가장 힘들 때는 30km를 넘어선 지점이라고 한다. 물론 전체가 다 힘들겠지만 특히 이 지점부터가 힘들다고 하는데, 신체의 에너지가 급격하게 떨어지기 시작하는 것도 이 지점에서부터다.

그런데 스승인 고이데 요시오(小出義雄) 감독은 다카하시 선수가 가장 힘들어하는 순간을 포착하여 한마디를 던졌다. 그 한마디가 승부를 결정지었다고 해도 과언이 아닐 것이다.

그 소중한 한마디는 무엇이었을까?

"로루페는 안 와! 다카하시, 로루페는 안 와! 로루페는 안 와!"

가장 유력한 우승 후보였던 로루페가 당일 컨디션 조절에 실패했는지 시합 직후부터 흔들리기 시작했다. 다카하시 선수에게 있어서는 '힘내라! 파이팅!'이라는 백만 마디의 응원보다도 '로루페는 안 와!'라는 이 한마디가 더욱 가슴에 와 박혔을 것이다.

이 한마디도 아주 시의적절했다. 왜냐하면 '로루페 탈락!'이라는 정보를 골인 직전에 들려줘서는 의미가 없을 것이며 중간

지점에서 들려줬어도 그 효과는 약했을 것이다. 역시 레이스가 가장 힘들어지는 그 순간을 포착하여 '지금이다. 여기다. 좋았어!'라고 처음부터 계산하고 있었을 것임에 틀림없다.

틀림없이 이 말을 듣는 순간 그녀는 레이스를 펼치기가 훨씬 더 쉬워졌을 것이다. 적은 오직 하나, 자신의 뒤에 바싹 붙어서 따라오고 있는 시몬을 언제 따돌릴 것인가? 라스트 스퍼트를 조금 빨리 끊기만 하면 된다. 이 말을 듣고 그녀는 바로 스퍼트에 들어가지 않았던가?

나는 고이데 감독의 멋진 표현술이 다카하시 선수로 하여금, 일본인에게는 첫 금메달을 안겨주었다고 확신하고 있다.

언제 표현할 것인가? 어떻게 표현할 것인가? 그 시기에 따라서 효과는 100이 되기도 하고 0이 되기도 하는 것이다.

One point | 성공하는 사람의 표현술은 이것이 다르다!

가장 유력한 우승 후보였던 로루페가 당일 컨디션 조절에 실패했는지 시합 직후부터 흔들리기 시작했다. 다카하시 선수에게 있어서는 '힘내라! 파이팅!'이라는 백만 마디의 응원보다도 '로루페는 안 왜'라는 이 한마디가 더욱 가슴에 와 박혔을 것이다.

2

상대의 마음을 흔드는 여러 가지 **표현법**

> 틀림없이 누군가가 지켜봐주고 있다.
> 이 사실에 두려움과 겸허와 안도감을 가지고 살아가고 싶다.
> ―나카지마 다카시

16

능력 있는 사람일수록
일을 쉽게 한다

"내 글은 원숭이가 읽어도 이해할 수 있다."

이것은 후쿠자와 유키치(福澤諭吉)의 말이다.

원숭이가 읽어서 이해할 수 있을지 어떨지는 모르겠지만 『학문을 권함』이나 『후쿠 옹 자전』을 보더라도 이것만큼 읽기 쉬운 것은 없을 것이라고 나는 생각한다.

쉽게 읽히고 쉽게 이해할 수 있는 표현이 아니라면 많은 사람들에게는 전달되지 않는다. 물론 전달되지 않으면 마음을 흔들지도 못하며, 사람을 움직이지도 못한다.

일에 있어서 자기만 알 수 있는 표현을 사용한다면 당연히 성과가 오를 리 없을 것이다.

꼭 후쿠자와가 아니라 할지라도, 일을 잘하는 사람일수록 이야기의 내용이 아주 명료하고 알기 쉬운 법이다.

나는 지금까지 몇 백 번, 몇 천 번의 회의에 참석한 경험이 있는데, 일을 못하는 사람일수록 이야기의 요점을 잡아내기가 힘들었다.

그렇다고 해서 수준 높은 내용의 이야기도 아니었다. 그 증거로, 한바탕 '독주회'가 끝나고 난 뒤에 주위 사람들은 '결국, ……라는 말을 하고 싶었던 거지?'(어째서 늘 그렇게 귀찮고 번거로운 화법으로 이야기하는 거야?)'라는 생각을 갖게 되니 말이다.

즉, 내용이 아니라 이야기하는 방법, 전달하는 방법이 복잡하고 괴이한 것이다. 나도 이해를 하지 못했을 뿐더러, 틀림없이 대부분의 사람들도 마찬가지였을 것이다. 그나마 위로가 되는 것은 그가 영업사원이 아니었다는 점이었다. 편집자라면 어떻게든 헤쳐나갈 수 있을 것이지만 영업에서는 결판을 내지 못할 것이다.

결과적으로 그런 제안이 채택될 리도 없었다. 이 사람은 중년이었음에도 불구하고 곧 다른 부서로 이동하게 되었으며 편집회의에서도 배제되었다. 아마 원고를 부탁 받은 작가도 무엇을 원하는 것인지 파악하지 못하고 우왕좌왕했을 것임에 틀림없었을 것이다. 말하자면 '미숙한 표현술'이 빚어낸 비극이다.

만약 그가 '능숙한 표현술'을 이해하고 있었다면……. 그렇다! 자신의 일을 원활하게 수행하기 위해서는 한마디로 쉽게 이해되는 프로다운 표현술을 사용할 수 있어야만 하는 것이다. '원숭이도 이해할 수 있는 표현'을 사용하지 못한다면 비즈니스맨으로서 살아길 수 없다.

17

원숭이도 이해할 수 있는 표현술

그렇다면 '원숭이도 이해할 수 있는 표현'을 하기 위해서 필요한 조건은 과연 무엇일까? 핵심을 정리해볼 필요가 있다.

① 알기 쉽고 간단하게 말하라

'알기 쉽다'는 것은 표현이 어렵지 않다는 뜻이다. 특정한 엘리트나 전문가들만이 알 수 있는 이야기가 아니라 누구나 알 수 있도록 표현할 것. 물론 전문용어 같은 것은 사용하지 않는다. 사용하더라도 이야기의 전후를 듣거나 읽은 후에는 자연스럽게 이해할 수 있도록 배려하라.

예전에 마쓰시타 고노스케(松下幸之介) 씨는 어려운 말을 사용하면 난처한 표정을 짓기도 했다. '말이 너무 어려운데, 좀더 간단한 말로 할 수 없겠는가?' 라고 몇 번이고 되물어 그때마다 알기 쉬운 표현으로 바꾸곤 했다. '자네처럼 똑똑한 사람들만 있는

게 아니거든' 하며 당당히 문제를 지적하곤 했다.

체인점화되어 있는 한 외식업체의 사장도 '광고나 선전 문구를 그 자리에 있는 이해력이 가장 떨어지는 사원이 알 수 있는가 어떤가'로 결정했다고 한다. '알기 쉬움'이라는 것은 그것만으로도 가치가 있는 것이다.

② 단순하고 짧게 하라

표현이 복잡하지 않고 앞뒤 문맥이 어지럽게 얽혀 있지 않은 표현을 하고 싶다면 단순하고 짧게 표현하라. 단, 당신도 경험해 보았을 테지만 짧은 메시지보다는 긴 문장이나 이야기로 전달하는 것이 훨씬 더 수월한 법이다. 긴 이야기를 짧게 만든다는 것은 머릿속에서 우선순위나 핵심을 정리해두지 않으면 안 되는 뛰어난 능력을 말하는 것이다.

한없이 늘어지는 부하의 이야기를 들으며 초조해 하고 폭발 직전의 모습을 보이는 상사를 볼 때마다 '좀더 단순하고 짧게 이야기하면 될 텐데' 하는 안타까운 마음 금할 길이 없다. 커뮤니케이션에서는 미사일 한 발로 처리하려는 생각을 버리고, 기총 소사처럼 이야기해야 서로가 편안함을 느낄 수 있는 법이다.

영국의 총리였던 윈스턴 처칠은 전후 노벨상을 수상했는데 어렸을 때부터 성격이 급해서 걸핏하면 싸움을 했다고 한다. 바로 그런 기질이 있었기 때문에 제2차 세계대전에서 나치스 독일에게 제아무리 공격을 당해도 물러나지 않고 끝까지 싸웠던 것이다.

그런 그의 성격을 잘 드러낸 어록 중이 하나.

'If it is just one page, I promise to read it with attention. If it is longer, my secretary will put it straight into a wastepaper basket'.

간단하게 번역을 해보자면 '한 페이지라면 꼼꼼하게 읽어주겠다. 하지만 그 이상이라면 비서에게 그대로 쓰레기통에 처박으라고 말할 뿐이다'.

어떤 세계에서나 적어도 이것은 가장 위에 있는 자의 행동철학이라고 명심해두는 편이 좋을 것이다. 당신의 회사에서도 윗자리에 올라가면 올라갈수록 더욱 바빠진다(그렇지 않은 회사도 있지만). 따라서 계장에게는 자세하게 이야기를 했던 내용이라도 과장·부장·임원·사장으로 올라가면서는 전달해야 할 정보의 양이 줄어들게 된다. 양은 줄어도 정보의 가치를 떨어뜨리지 않아야 하며, 정보의 질, 즉 밀도로 승부해야 한다. 오로지 요점만! 이것을 염두에 두어야 한다.

단순하고 짧게 하면 글도 보고서도 훨씬 더 탄탄해진다는 것을 기억하라.

③ 우선순위를 명확히 하라

가장 중요한 일을 가장 나중에 이야기한다면 비즈니스에서는 낙제점이다.

듣는 쪽은 처음이 집중력이 가장 강할 때다. 그런데 이미 집중력이 떨어져 버렸을 때 '그건 그렇고, 지금부터가 중요한 이야기인데'라고 말한다고 해도 상대는 귀담아 듣지 않을 것이다. '응? 지금부터가 본론이가? 많이 묵었다 아이가, 그만해라' 이렇게 되어버릴 것이다.

비즈니스맨은 바쁘다. 중요한 순서대로 표현하는 것이 지극히 당연한 일이 아니겠는가?

④ 주어, 서술어를 명확하게 하라

단순하고 짧아지면 주어, 서술어의 관계가 선명해진다. 긴 긴 보고서는 주어와 서술어의 관계가 복잡해져 다음과 같은 문제를 불러일으킨다.

"전에 이렇게 이야기하질 않았나?"
"아니, 그런 말 한 적 없어."
"아니, 틀림없이 이렇게 말했네."

표현에서 중요한 것은 자신이 무엇을 말했는가, 무엇을 전달했는가가 아니라 상대가 어떻게 들었는가, 어떻게 받아들였는가 하는 것이다. 오해, 착각, 실수와 같은 것은 자신의 표현력과 상대의 이해력의 차이에 의해 일어나게 되는 비극이다.

One point | 성공하는 사람의 표현술은 이것이 다르다! |

누구나 알아들을 수 있는 표현술
① 알기 쉽고 간단하게 말하라
② 단순하고 짧게 하라
③ 우선순위를 명확히 하라
④ 주어, 서술어를 명확하게 하라

18

말에만 의지하지 말라!

⑤ 상대의 입장이 되어보라

주어, 술어의 관계를 명확하게 하는 것에서 한 걸음 더 나아가 생각해보기로 하겠다.

예를 들어서 NHK 아나운서가 뉴스를 읽던 중에 있었던 일이다.

"○○철도에서는 운임을 인상하기로 결정했습니다."

이것은 일방적인 통보에 지나지 않는다. 텔레비전이라는 미디어에서는 어떻게 전달을 해야 더욱 효과적일까?

"○○철도를 이용하고 계시는 여러분, 다음 달부터 운임이 오릅니다."

이렇게 하면 시청자들은 자신에게 이야기를 하고 있다고 인식을 하게 되기 때문에 자신도 모르게 자신의 일로 받아들이게 된다. 즉, 공감하는 마음을 갖게 되는 것이다. 이것이 상대와 같은 입장에 선 표현술이다.

⑥ 비유, 예, 치환을 사용하라

무엇인가를 전달하려고 할 때, 예를 들면 순간적으로 알기 쉬워지는 경우가 있다. 그 방법을 활용하라.

예를 들어서 일이 힘들다는 것을 전달할 때는 '지옥 불 속이 더 편할지도 모르겠다'고 한다든지 월급이 많음을 나타낼 때는 '월급 봉투가 터질 것 같다'는 표현 등을 말하는 것이다.

이것은 어휘 수가 많을수록 유리하기 때문에 평소부터 활자와 친숙하게 지내도록 해야 한다. 물론 강연이나 세미나, 혹은 만담 등도 상당한 자료를 제공해주기 때문에 이런 기회를 놓치지 않는 게 좋다.

⑦ 숫자, 데이터를 삽입하라

그림이나 이미지는 머릿속에 영상이 쉽게 떠오르도록 하기 때문에 의미를 직감적으로 포착할 수가 있다. 만약 여기에 숫자나 데이터라는 객관적인 사실을 가미한다면 호랑이에 날개를 단 격이 될 것이다. '꽤, 상당히, 다소, 굉장히……'와 같은 애매한 표현과는 달리 설득력 넘치는 표현을 할 수 있게 될 것이다.

⑧ '한마디로 말하자면'을 능숙하게 사용하라

표현력이 있는 사람은, 듣는 사람이 이해하기 쉽도록 우선순위, 비유, 예, 치환 등의 방법을 자연스럽게 활용한다. 그것은 무엇보다도 '무슨 일이 있어도 이 사람이 이해하도록 하겠다'고

하는 열의가 강하기 때문이다.

좀더 표현력이 있는 사람이라면 상대가 이해한 정도에 따라서 중간중간 정리를 해가면서 이야기하는 표현술을 구사할 것이다. 이해하기 쉽도록 하기 위해 '쉼터'라고 할 수 있는 곳을 준비해두는 것이다.

이런 경우에 반드시 사용하기를 바라는 것이 '한마디로 말하자면'이라는 말이다. 이 말을 실제로는 하지 않아도 좋다. 하지만 이야기 중간에 '(한마디로 말하자면) ○○○입니다'라는 표현을 삽입하면 '그렇군. 간단하게 말하자면 그렇다는 얘기로군'이라며 상대도 이해를 할 수 있게 되기 때문에 안심할 것임에 틀림없다.

예를 들어 다음과 같이 사용해보도록 하라..

"(한마디로 말하자면), 일본의 시네콘(복합적 영화관 비즈니스)은 폭발적인 시장입니다. 왜냐하면 일본은 선진국 중에서도 가장 영화관이 적은 나라이기 때문입니다. 미국이 인구대비 9천 명에 하나인 데 비해 일본은 7만 명에 하나에 불과하기 때문입니다."

이 '쉼터'가 사실은 상대를 설득하는 데 있어서 커다란 터미널 역할을 한다는 사실을 알고 계시는지?

⑨ 말보다는 효과적인 표현기술을 이용하라

①~⑧까지는 모두 '말'이 중심이 되는 커뮤니케이션 방법이었다. 하지만 비즈니스 세계를 비롯하여 인간이 만든 세계에서는 말만으로는 부족하다. 말보다 더욱 강렬한 표현법을 완전히 익히게 되면 일과 인생에서 훨씬 더 커다란 발전을 가져올 수 있

을 것이라고 생각된다.

　과연 어떤 것들이 있을까? 지금부터 그것들을 순서대로 소개해보겠다.

> **One point** | 성공하는 사람의 표현술은 이것이 다르다! |
>
> 상대를 쉽게 이해시킬 수 있는 표현기술
> ⑤ 상대의 입장이 되어보라
> ⑥ 비유, 예, 치환을 사용하라
> ⑦ 숫자, 데이터를 삽입하라
> ⑧ '한마디로 말하자면'을 능숙하게 사용하라
> ⑨ 말보다는 효과적인 표현기술을 이용하라

19

말보다 훨씬 더 임팩트가 강한 표현법

자신의 의지를 표현하는 수단이 오로지 말밖에 없다고는 할 수 없다. 아니, 상대에게 인상을 심어주고, 강한 임팩트를 주고, 어필하는 것을 놓고 이야기하자면 말보다 더욱 효과적인 것들이 헤아릴 수도 없이 많다.

예를 들어, 인구에 회자되고 있는 학설로 남 캘리포니아 대학의 알버트 메라비안(Albert Mehrabian)이라는 학자의 법칙이 잘 알려져 있다.

즉, 상대에게 주는 인상을 100%라고 한다면 그 중 '이야기의 내용'이 차지하는 비중은 겨우 7%에 불과하며, 화술은 38%, 그리고 몸의 움직임이나 손짓, 태도, 복장 등과 같은 외면적인 요소가 차지하는 비중이 놀랍게도 55%나 된다는 것이다.

예전에 일본의 한 수상이 텔레비전에 출연했을 때, 주부의 기억에 남아 있었던 것은 대부분 당일 어떤 넥타이를 하고 있었는가 하는 것이었다.

'무슨 이야기를 했었나요?'라고 사회자가 물었을 때 '아, 못 들었어요', '그런 얘기를 했었나요?'라고 말하는 사람들이 대다수였다. 이 대답에 놀라 벌어진 입을 다물 수가 없었지만 어떤 면에서는 진실을 말하고 있는 것이라고 할 수가 있다.

즉, '무슨 이야기를 했는가?' 하는 것보다 '어떻게 이야기를 했는가?', '외모가 어떤 사람이었는가?' 하는 점이 더욱 임팩트가 큰 것이다. 이것을 명심해두기 바란다.

그렇다면 보다 효과적인 표현술을 구사하기 위해서는 어떻게 하면 되는지 그 대책을 알 수 있을 것이다. 그렇다. 이야기의 내용뿐만 아니라 표현법, 예를 들어서 태도·겉모습·복장이라는 요소에 좀더 주의를 기울이는 일이다.

앞 장의 전반부에서 '재판 방청에서의 한 풍경'을 소개했는데, 입으로는 제아무리 반성을 한다 하더라도 겉모습이 변함없는 '그대로'라면 재판관이 이를 긍정적으로 생각할 리가 없다는 것도 이 법칙에 적용되는 예라 할 수 있다.

One point | 성공하는 사람의 표현술은 이것이 다르다!

'무슨 이야기를 했는가?' 하는 것보다 '어떻게 이야기를 했는가?', '외모가 어떤 사람이었는가?' 하는 점이 더욱 임팩트가 큰 것이다. 이것을 명심해두기 바란다.

20
세상에서 가장 아름다운 인사

"이 사람의 인사는 정말 멋지다."

지금까지 만난 사람 중에서 이런 사람들이 두 명 있었다. 한 명은 전통과자 업계에서 유명한 가노 쇼주안(叶匠壽庵)의 창업자인 시바타 세지(柴田清次) 씨. 또 한 명은 이즈 슈젠지(伊豆修善寺)에 있는 아사바(あさば) 여관의 여주인, 아사바 아이코(淺羽愛子) 씨다.

비즈니스맨도 인사를 해야 할 때가 많은데, 대부분 머리를 가볍게 숙일 뿐 허리를 굽혀서 인사를 하는 사람은 그다지 본 적이 없다. 그런데 이 두 사람은 두 손을 무릎 앞까지 곧게 펴고 상반신을 깊이 굽혀 인사를 한다. 이것은 체구가 작은 사람일수록 더욱 아름답게 보이는 인사법이다.

나는 이 인사법이 세상에서 가장 임팩트가 강한 인사가 아닐까 생각한다. 인사만으로 사람을 감동시키니, 누가 뭐래도 진심이 담겨 있다고 여기게 되는 것이다. 나도 몇 번이고 흉내를 내 보았지만 두 사람처럼은 하질 못하겠다. 그래도 머리를 가볍게 숙이는 것보다는 훨씬 나을 것이다.

그런데 이 여관은 요리와 온천으로 유명하지만 그 외에 다른 행사로도 잘 알려져 있다. 예를 들어 주인이 노(能, 일본의 중세 가면 극으로 무용과 극의 요소를 포함하고 있는 것—역자 주)를 배우고 있는 관계로 여관의 자랑거리인 돌로 만들어진 무대에서는 때때로 노, 교겐(狂言, 일본의 전통 극으로 사루가쿠(猿樂)의 재미있고 비속한 부분을 극화한 것—역자 주), 혹은 셰익스피어 극 등이 행해지고 있다(영화『실락원』에도 등장했다).

그 중에서도 내가 가장 좋아하는 것은 여름에 벌어지는 행사인 '신나이(新内, 일본의 전통 악기인 샤미센(三味線) 음악의 하나—역자 주)'다. 정원의 연못에 배를 띄워놓고 신나이를 흘려보내는 행사는 풍류가 있어 매우 마음에 든다. 친구나 아는 사람들에게 소개를 하고 있는데 호평이 대단하다.

그런데 그 중에 한 명이 얼마 전에 그 여관에서 묵고 왔는지 이런 얘기를 했다. 이것도 말 이외의 표현술에 대한 한 예로 참고가 될 것으로 생각되기 때문에 여기서 언급해 두겠다. 결코 내 자랑이 아니다.

"여주인이 자네에게 감탄을 하던데."

"내가 뭐 감탄할 만한 일을 했었나?"

"내 참. 일부러 택시에서 내려서 손을 흔들었다고 하던데. 처음에는 뭘 두고 간 줄 알고 깜짝 놀랐있대. 참 운치 있는 행동이야. 오랫동안 여주인으로 있었지만 그런 일은 처음 경험한다더

군. 다른 여직원들도 감동을 했대."

"아, 그거……."

사연은 대충 이렇다.

여관에서는 대체로 체크아웃 하는 시간이 결정되어 있기 때문에 손님은 대부분 비슷한 시간에 집으로 돌아가게 된다. 이 시간에 여주인과 종업원들 일동이 숙박객을 배웅하는 인사를 하게 된다.

그때도 여주인을 비롯하여 주인, 직원들이 모두 밖에 나란히 늘어서서 내가 탄 택시가 보이지 않을 때까지 배웅을 해주었다. 택시가 오른쪽으로 들어서면 보이지 않게 되는데, 그곳에 이를 때까지 배웅을 하는 듯했다. 그래서 나는 우회전을 하기 직전에 택시를 세우고 내렸다. 그리고 저 멀리서 손을 흔들고 있는 여주인의 조그만 모습을 향해서 손을 흔들어보였다.

이것은 '끝까지 배웅을 해주는 모습을 보고 있었습니다'고 하는 내 나름대로의 메시지였다. 인사에 대한 답례로 행한 행동으로 별다른 의미는 없었다.

'참 좋았다'고 나중에 편지나 전화로 표현하는 것도 좋겠지만, 역시 쇠뿔도 단김에 빼랬다고 그 순간을 놓칠 수는 없었다. 그래서 곧바로 행동으로 표현을 한 것이었다.

친구의 말에 의하면, 여주인과 종업원들 모두 마음을 담아서 배웅을 하는 것이 얼마나 중요한지를 다시 한번 깨달았다며 기뻐했다고 한다. 자칫 형식적인 의식이 되어버리기 쉬운데 이런 뜻밖의 일이 일어나게 되면 새롭게 인식을 할 수 있게 되는 법이다.

21

눌변인 사람에게 알맞은 표현술

메라비안의 법칙에 의하면 '이야기의 내용'에는 겨우 7%, '화술'에는 38%, '외면적 요소'에는 55%나 되는 임팩트 도(度)가 있다고 했다.

하지만 나는 이 법칙을 그다지 믿지 않는다.
왜냐하면 이 데이터는 모두가 '그 자리에 있을 경우'를 토대로 조사한 것이기 때문이다.
그 자리에 없다 하더라도 충분히 임팩트 있는 표현을 할 수가 있다.
예를 들자면 편지가 바로 그렇다.
나는 아직도 모교의 비즈니스 스쿨에서 강의와 강연을 하고 있는데, 원래는 대단한 눌변이며, 내성적인 성격에 낯을 가리기로 유명했다. 그런 만큼 처음 영업부로, 그것도 법인을 상대하는 세일즈 부서로 이동한 날에는 깊은 절망감에 빠져 있었다.

'이런 내가 해낼 수 있을까?'

불평을 하거나 고민을 하고 있을 시간이 없었다. 어쨌든 할 수밖에 없었던 것이다.

그렇지 않아도 눌변인 내가 할 수 있었던 일은 어쨌든 만난 사람들에게는 빠짐없이 자필로 쓴 감사의 편지를 보내는, 지금 생각해보면 영업사원에게는 기본 중의 기본에 해당하는 일밖에 없었다. 하지만 최근에는 감사의 편지를 써서 보내는 영업사원을 좀처럼 볼 수가 없다.

나는 2주일 단위로 약속을 잡고 있었기 때문에 실제 방문일까지는 시간이 꽤 남아 있었던 적이 적지 않았다.

그 동안 어떻게 했을까?

미리 감사의 편지를 보냈다. '바쁘신 중에도 면담을 허락해주셔서…… 진심으로 감사드립니다……'라는 엽서를 방문하기 이전에 보내는 것이다.

이것은 효과가 있었다. 언변도 없는 영업사원이 급히 찾아가기보다는 이 한 장의 엽서가 가진 표현력에 의존하는 편이 훨씬 더 효과적이었을지도 모른다. 그 중에는 영업부장이 교육 담당자를 불러서 '대체 어떤 영업사원이 올지 기대된다'고 한 거래처도 있었다.

이런 엽서 작전을 생각해낸 것은 만나기 전에 상대의 마음을 조금이라도 사로잡아야겠다고 생각했기 때문이다. 워낙 세일즈에는 재주가 없었고 첫인상에 대해서는 정말로 자신이 없었다. 그렇다면 만나기 전이나 만난 후에 달리 손을 쓸 수밖에 없지 않겠는가? 면담 후에는 언제나 감사의 편지를 보내고 있었으니 면담 전에도 보내야겠다고 생각한 것이었다.

나의 이런 행동을 보고 그것은 잘못된 행동이 아니냐며 충고를 해준 사람도 있었다. 그들의 의견은 대체로

"처음부터 커다란 기대를 갖게 하면 실제로 만났을 때 그럭저럭 좋은 인상을 준다 해도 결과적으로는 대단한 임팩트를 주지 못하게 된다. 그것은 이런 영업사원이라면 여기까지 할 수 있을 것이라며 처음부터 커다란 기대를 갖게 되기 때문이다."

"쓸데없이 장애물의 높이를 올릴 필요는 없지 않을까?"
이런 내용이었다.

하지만 나는 내 방법을 고수하였다. 어차피 잃을 것은 아무것도 없었다. 면담을 통해서 좋은 점수를 얻을 수 있으리라고는 생각지 않았고 만나서 실패한다 해도 어차피 마찬가지였다. 그렇다면 만나기 전에 조금이라도 점수를 벌어놓는 편이 좋지 않겠는가?

눌변에게는 눌변 나름대로의 생존방식이 있다. 자신의 장점, 약점을 알고 있기 때문에 프레젠테이션 능력, 설득력이라는 약점을 '충실함', '성실함'이라는 장점으로 보완하지 않으면 안 되는 것이다.

"약점을 보완하기보다는 장점, 강점을 철저하게 전면에 부각시키는 사람이 승리한다."

이것은 당시 내가 깨달은 진리다.

22

어린아이라도 어른을
이렇게 감동시킬 수 있다!

우리는 일상에서 어린아이의 태도를 보고 감동하는 경우가 적지 않다.

이것은 '선데이 초지(兆治)', 즉 도끼질 투구법으로 지난날 롯데 마린즈의 에이스로서 이름을 날렸던 무라타 초지 씨로부터 들은 이야기인데, 그는 멀리 떨어진 섬에서 야구교실을 열어 어린이들을 지도하는 자원봉사를 하고 있다.

그 중에 글러브가 없는 소년이 있었다. 야구를 그다지 잘하지 못하기 때문에 잔심부름을 하는 아이인 듯했다. 무라타 씨는 어렸을 때부터 에이스에 4번 타자였기 때문에 이런 소년의 기분을 알 리가 없었을 것이다.

하지만 잘 아시는 바와 같이 그는 일본인 투수로는 처음으로 어깨에 메스를 댄 사람이다. 물리치료 후에도 몇 년 동안 공을 던지고 싶어도 던지지 못하는 고독감과 싸워온 사람이다. 남의 밑에 있는 일이나 시련은 사람을 씩씩하게 만들기도 하고 다정하게 만들기도 한다. 다행스럽게도 그는 이 두 가지 모두를 얻었다.

바로 그런 그였기에 이 소년의 마음을 훤히 들여다볼 수 있었다. 그래서 기본적인 기술을 전체적으로 지도하고 난 뒤에 그 아이에게 이런 말을 했다고 한다.

"너, 글러브는?"

"없어요."

"그럼 누구에게 빌려오너라."

"네?"

"내가 던지는 공을 받아보렴."

"……!"

"잘 들어라. 한가운데로 던질 테니 글러브를 움직여서는 안 된다."

주위의 아이들은 연습을 중단하고 그곳으로 모여들었다. 지명을 받은 소년은 아직도 긴장한 채였다.

'내가 무라타 씨의 공을 받아도 되는 것일까?' 하는 생각이 들었을 것이다.

"해봐, 해, 해."

주위 아이들도 강하게 권했다. 이에 마음을 굳혔는지 그 소년은 글러브를 끼고 자세를 취했다.

그곳을 향해서 공이 맹렬한 스피드로 날아들었다. 아무리 어린아이라고는 하시만 무라타 씨는 적당히 던시시 않았나. 그것은 아이에게 실례가 되기 때문이다. 그뿐만이 아니었다. 이 소년

2장 | 상대의 마음을 흔드는 여러 가지 표현법

에게 평생 잊을 수 없는 추억을 만들어주고 싶었기 때문이기도 했다.

"퍽!"

낮기는 하지만 경쾌한 베이스의 소리와도 같은 소리를 내면서 공은 글러브 안으로 빨려들어 갔다. 그 순간 환성이 터졌다. 공을 받은 소년도 얼굴이 상기된 채 믿을 수 없다는 표정으로 자신의 행복을 마음껏 즐기고 있었을 것이다.

그 이후로 소년이 야구를 계속했는지는 알 길이 없다. 하지만 틀림없이 그날의 귀중한 체험을 잊지는 못할 것이다.

연습을 마치고 아이들은 무라타 씨에게 감사의 말을 전한 뒤에 집으로 돌아갔다. 하지만 그 소년만은 아무런 말도 하지 못한 채 긴장해서 간신히 머리만을 꾸벅 숙였다고 한다.

"하지만 그 인사에는 다른 어떤 소년의 인사보다도 감사의 마음이 담겨 있었다."

'침묵은 금, 웅변은 은'이라는 말이 있지만 요즘 같은 시대에서는 프레젠테이션에 능숙하지 않으면 살아남기 힘들 것이라고 생각한다. 하지만 청산유수 같은 언변보다 상대에게 더 강하게 남는 표현은 '감동'을 담은 마음을 표현하는 것이다. 임팩트가 강한 표현은 '감동했다!'는 사실을 상대에게 전하는 것이다.

이것은 말로써는 표현하기 힘들다. 그렇다면 몸 전체로 표현해야 하는가? 아니다. 이 소년처럼 '꾸벅' 머리를 숙이는 것만으로도 충분하다. 진실한 마음이 담겨 있다면 말이다.

23

'침묵 효과'로 사람을 움직여라!

'침묵은 금, 웅변은 은'이라고 했는데 말을 사용하지 않고서도 사람을 움직일 수 있다는 사실을 소개해보겠다.

축재(蓄財)의 귀재라고 불리는 규 에칸(邱永漢) 씨는 내가 20대 중반에 처음으로 만나게 되었으며, 그 후 자택에서 여는 파티에도 초대를 받는 사이가 되었다.

그는 대만에서 일본으로 망명을 했다. 도쿄 대학을 졸업한 후에 여러 가지 사업을 전개하던 중, 『홍콩』이라는 소설로 나오키(直木)상을 수상하게 되었다.

계속해서 투자에 손을 대고 있었기 때문에 나오키 상을 수상한 후에도 변함 없이 주식을 사고팔았는데, 그는 거기서 줄곧 성공을 거두곤 했다. 그는 출판사로부터 주식투자 입문시 원고를 청탁받아 출간했는데 그것이 베스트셀러가 되어 이후부터 축재의 귀재라고 불리게 되었다.

그는 세미나 강연회에서 낮고 조그만 목소리로 이야기를 하는 것이 특징이었다. 그렇기 때문에 언제나 귀를 기울이지 않으면 이야기가 잘 들리지 않는다. 듣는 사람들은 답답하기 때문에 마이크의 볼륨을 높이는데 그러면 이번에는 마이크를 멀리 떨어뜨려 놓고 이야기를 한다. 다시 말하자면 일부러 잘 들리지 않게 이야기를 하는 것이라고밖에 달리 생각할 길이 없다.

사실 이것은 상대가 유심히 이야기를 듣기를 바랄 경우에 쓰는 방법이다. 나는 이것을 '침묵 효과'라고 부르고 있다.

사람이란, 잘 들리지 않으면 어떻게 해서는 들으려고 노력을 하게 되는 법이다. 그러면 집중하게 된다. 상대가 잘 들을 수 있도록 커다란 목소리로 이야기하는 사람도 있지만 이것은 반대로 귀를 막아버리는 효과이기도 하다.

이 침묵 효과를 내 자신이 직접 뼈저리게 경험한 적이 있었다.

한 기업으로부터 강연 의뢰를 받았을 때의 일이다. 웅성거리는 회장은 좀처럼 안정된 분위기를 되찾지 못했다.

이럴 때의 대처방안에는 두 가지가 있다. 하나는 갑자기 커다란 목소리로 인사를 하고 강연을 시작해버리는 방법이다. 힘으로 조용히 시키는 방법이라고 해도 좋을 것이다. 이것도 효과적이긴 하지만 다른 한 가지 방법은 이 침묵 효과를 이용하여 한동안 이야기를 하지 않는 것이다.

물론 연단 앞에는 선다. 하지만 마이크를 쥔 채로 이야기하지 않는다. 그러면 그 모습에 조금씩 조금씩 조용해져 가는데, 여기에 소요되는 시간은 대체로 1분 정도다.

단, 이 1분이 매우 길다. 나는 이 1분이 10분도 더 지난 듯한 느낌을 받는다.

One point | 성공하는 사람의 표현술은 이것이 다르다!

사람이란, 잘 들리지 않으면 어떻게 해서는 들으려고 노력을 하게 되는 법이다. 그러면 집중하게 된다. 상대가 잘 들을 수 있도록 커다란 목소리로 이야기하는 사람도 있지만 이것은 반대로 귀를 막아버리는 효과이기도 하다.

24
기억에 남는 것은 강렬한 이미지

이야기의 내용보다 상대에게 강한 임팩트를 주는 것이 있다. 그것은 태도, 행동과 같은 외면적인 요소다.

예를 들어 한 번밖에 만난 적이 없는데도 왠지 잊혀지지 않는 사람이 있다. 물론 몇 번을 만나도 기억에 남지 않는 사람도 있다.

이는 뇌에 '후크'를 걸 수 있느냐 없느냐에 따라서 결정된다.

후크란 걸쇠를 말한다. 기억을 관장하고 있는 뇌에 걸쇠로 걸어두는 방법인데, 뇌에 걸리면 남고 걸리지 않으면 기억에서 사라진다.

기억에 남는다는 것은 몇 번 만났는가 하는 횟수가 아니라 단 한 번의 임팩트, 즉 인상에 의해서 결정된다. 침묵하고 있어도 인상이 강하면 기억에 남게 되며, 비록 청산유수처럼 유창하게 이야기를 했다 하더라도 인상이 약하면 기억에조차 남지 않게 된다.

과연 어떤 사람을 말하는 것일까?

"그 사람, 괜찮아 보여."

"뭔가 해낼 것 같은 사람이야."

"특이해."

"거물이야!"

"굉장해."

"못 당해."

예를 들어서 프로 야구에 데뷔했을 당시의 나가시마 시게오(長島茂雄) 씨가 그렇다. 도쿄 6대학 야구연맹(도쿄의 6개 대학이 모여 연맹을 결성, 시합을 갖고 있다—역자 주)의 타격 기록을 전부 갈아치운 슬러거였다. 프로 야구 첫해에 타점, 홈런 부문에서 2관왕(타율만 2위), 물론 신인왕 획득.

이 사람은 첫 타석부터 4타석 연속으로 삼진을 당했다. 그것도 상대는 고쿠테츠(國鐵) 스왈로즈라는 구단의 에이스 가네다 마사이치(金田正一, 전 자이언츠 투수·전 롯데 감독)였다.

당시 그는 네 타석 전부 헛스윙을 하여 삼진을 당했다. 모자가 날아갈 정도로 호쾌한 스윙이었다. 공을 던진 가네다 투수조차도 '그냥 서서 삼진을 당하지 않았다. 마음껏 휘둘렀다. 언젠가는 저 녀석에게 당할 것이다'라고, 솔직하게 말하면 공포심까지 느껴졌다고 한다.

이 임팩트가 강했기 때문에 나가시마라는 선수는 '기억'에 남아 있는 것이다. 그 호쾌한 헛스윙이 무엇에도 견줄 수 없을 정도의 웅변이 되었던 것이다.

비즈니스맨 중에서도 '이 사람은 여기가 한계다'라는 생각이 들게 하는 사람들이 적지 않다. 기껏해야 부장, 평범한 이사로 끝. 반대로 어디까지 갈지 알 수 없는 사람도 있다. 도중에 튕겨져 나갈지도 모르지만 '어쩌면……' 하고 기대를 갖게 하는 인재도 있다.

그 차이를 가만히 살펴보면, 감점이 두려워서 새로운 일은 아무것도 시도하지 못하는 사람은 확실하게 승진은 하지만 미래가 보이지 않는 사람이다. 한편 감점 같은 것을 두려워하지 않고 언제나 공격적인 자세로 일을 하는 사람은 실패도 하겠지만 성공도 한다. 이런 사람이 어디까지 갈지 모르는 인재다. 왜냐하면 언제나 도전정신을 가지고 있어서 스스로 길을 헤쳐나가려고 하기 때문이다. 다른 사람들이 다져놓은 길을 그대로 밟고 지나가는 것이 아니라 스스로 길을 닦으려고 한다. 옆에서 보자면 그만큼 어려운 길을 선택한 것처럼 보이지만 본인은 그것이 천성이기 때문에 그 사실을 알지 못한다.

이와 마찬가지로 열심히 씨앗을 뿌렸지만 자신은 그것을 거둘 기회를 얻지 못하고 후임자로 하여금 열매를 거두어들이게 하는 경우도 적지 않을 것이다. 중국 속담에 '우물을 판 사람의 은혜를 잊지 않는다'라는 말이 있다. '우물을 판 것은 바로 나다, 나'라며 굳이 말을 하지 않아도 아는 사람은 아는 법이다. 모르는 사람에게는 아무리 말을 해봐야 소용이 없다.

일을 할 때, '이런 일을 하면 손해', '라인에서 멀어지게 되니 이번 이동은 거절하자'는 등과 같은 타산적인 생각은 버리는 것이 좋을 것이다. 일은 머리로 하는 것이 아니기 때문이다.

　지금 맡은 일에 최선을 다하자. 누군가 당신의 노고를 지켜보고 있다. 그런 사람들에게 좋은 평가를 받으면 되는 것 아니겠는가? 우직하게 열심히 땀과 지혜를 짜내가며 일하는 모습은 화려하고 눈에 띄는 일을 하는 사람보다도 때로는 더욱 신선하게 보인다. 사람이 감동을 하게 되는 것은 바로 그런 모습을 볼 때다.

> **One point** | 성공하는 사람의 표현술은 이것이 다르다!
>
> 기억에 남는다는 것은 몇 번 만났는가 하는 횟수가 아니라 단 한 번의 임팩트, 즉 인상에 의해서 결정된다. 침묵하고 있어도 인상이 강하면 기억에 남게 되며, 비록 청산유수처럼 유창하게 이야기를 했다 하더라도 인상이 약하면 기억에조차 남지 않게 된다.

25
유창하게 이야기하기보다는
'막간'을 능숙하게 활용하라!

침묵은 금이라고들 하지만 이야기를 하지 않으면 서로의 의사를 전달할 수가 없다. 특히 비즈니스맨은 해야 할 말을 확실하게 전달하지 않으면 오해와 착각만을 불러일으키게 된다.

어떻게 커뮤니케이션을 주고받으면 될지 지금까지 그 포인트를 정리해보았다.

이번 장의 마지막으로, 중요하면서도 지금까지 다루지 않았던 것을 한 가지 이야기해보겠다.

그것은 '막간'이다.

사람들과 주고받는 커뮤니케이션에서 '막간'은 미묘한 힘을 가지고 있다. 바로 그렇기 때문에 우리말에는 막간에 관한 표현이 특히 많은지도 모르겠다. 이야기를 잘한다는 것은, 이야기의 내용보다도 이 막간의 의미가 절묘하다는 뜻이 아닐까.

막간을 확실하게 두면 생동감 있는, 임팩트가 강한 표현을 할 수 있지만, 막간이 명확하지 않으면 두루뭉실한 표현이 되어버린다.

'막간'의 프로라고도 할 수 있을 만한 표현의 달인이 바로 다이코모치(太鼓持ち), 즉 호칸(幇間, 연회석 등에서 손님들의 흥을 돋우고 재미있는 이야기나 동작으로 즐거운 분위기를 만드는 것을 직업으로 삼고 있는 남자를 일컫는 말—역자 주)이다. '호칸, 즉 막간을 돕다'라고 쓰는데 요리점이나 찻집의 손님을 비롯하여, 그 손님들의 흥을 돋우는 게이샤나 무기(舞妓)들의 막간을 돕는 역할을 하고 있다.

호칸으로 유명한 '다이코모치아라이'씨는 책까지 출판을 했는데 원래는 후쿠이(福井)에서 이발사를 하고 있었으며, 고색창연한 풍경이나 절과 신사가 많은 교토(京都)가 좋아서 자주 친척집에 놀러 갔다가 기온(祇園, 교토에 있는 유곽지로 유명한 마을의 이름—역자 주)과 시마하라(島原, 교토의 유곽지—역자 주), 가미노시치켄(上七軒, 교토의 유곽지—역자 주)을 알게 된다. 분위기에 이끌려서일까, 중학생 신분으로 사람들에게 찻집에 데려가 달라고 부탁한다. 그때 무기나 게이샤들로부터 감동을 받은 것이 아니라 호칸으로부터 감동을 받았다고 한다.

그는 놀면서 공부를 하고 재주를 익혔다. 처음에는, 열심히 재주를 보여줬는데도 '2차에는 필요 없다'고 손님들이 말해 내심 분개했지만 지금 생각해보면 '보여주겠다. 들려주겠다'는 의식이 손님들에게 전달되었기 때문이라고 반성하곤 한다.

다이코모치의 일 중에서 가장 어려운 것은 '히라비(平場)'다. 히라바란 재주를 보여주는 장소가 아닌 그저 담소를 즐기는 공간을 말한다. 이 막간을 어떻게 대처해야 하는가. 모두가 응용문제의 연속일뿐, 매뉴얼은 통하지 않는다. 그렇기 때문에 어려운 것이다.

세일즈에 비유하자면 상담(商談)보다 잡담이 더 어려운 것과 마찬가지라 할 수 있겠다.

One point | 성공하는 사람의 표현술은 이것이 다르다!

사람들과 주고받는 커뮤니케이션에서 '막간'은 미묘한 힘을 가지고 있다. 바로 그렇기 때문에 우리말에는 막간에 관한 표현이 특히 많은지도 모르겠다. 이야기를 잘한다는 것은, 이야기의 내용보다도 이 막간의 의미가 절묘하다는 뜻이 아닐까.

26

심금을 울리는 표현의 비결은 '막간'에 있었다!

그렇다면 과연 어떻게 막간을 두면 되는 것일까? 그 표본이 되는 것이 만담이다.

나는 매주 만담을 보러 갈 정도로 그것을 좋아하는데(만담 작가이기도 하다) 잘하는 사람과 못하는 사람의 차이는 말하는 모습, 특히 이 막간을 두는 요령을 보면 금방 알 수 있다.

예를 들어 '쇼텐(笑點, 일요일 저녁에 방송되는 인기 만담 프로그램—역자주)'으로 우리에게 친숙한 상유테 엥라쿠(三遊亭円樂) 씨. 스승인 엥쇼(円生)와 마찬가지로 인간미 넘치는 이야기를 특기로 삼고 있는 사람이다. 그가 특기로 삼고 있는 상연물 중에서 특히 애착을 가지고 있는 것은 『나카무라 나카조(中村仲藏)』다. 막간을 두는 것이 참으로 절묘하다.

만담가에 대해서 모르시는 분들을 위해서 조금 해설을 해두겠다.

에도(江戶) 시대, 연극을 아주 좋아하는 사내가 드디어 소원대로 가부키(歌舞伎)에 입문하게 되었다. 이 시대에는 입문하기조차 힘들었는데, 리엥(梨園, 가부키계(界)를 일컫는 말)에서 태어난 사람이 아니면 좋은 배역을 주지 않았다. 이것은 숙명이었다.

하지만 그의 열의와 노력은 보통 이상이었다. 그래서 보다 못한 한 스승이 그를 제자로 받아들였다. 하지만 혈통을 중시했기 때문에 어디서 무엇을 하던 사람이었는지도 모르는 배우에게 커다란 역이 돌아갈 리가 없었다. 따라서 조그만 배역밖에 얻지 못했지만 연극을 할 수 있다는 것만으로도 기뻤다.

그러다가 '카나데홍추신구라(假名手本忠臣藏)' 다섯 번째 막에 등장하는 오노 사다쿠로(斧定九郎) 역을 배정받게 되었다. 다섯 번째 장은 에도 시대, 연극이 아침부터 하루 종일 행해지고 있던 때 정확히 점심 시간에 행해졌기 때문에 '도시락 막'이라는 별명으로도 불리고 있었다. 모두들 연극은 무시한 채 분주하게 도시락을 먹었던 것이다. 그런 시간대의 역할이었기 때문에 이 역시 그리 대단할 것은 없었다(지금은 중요한 역할이다. 나카조 덕분이다).

역할을 받았을 때 나카조는 날아갈 듯이 기뻤다. 부인과 함께 손을 맞잡고 기뻐하며 스승에게도 보고했다. 스승도 힘이 없는 시골 극단 출신이었기 때문에 그처럼 화려한 무대에는 올라서 본 경험이 없었다. 나카조의 기쁨을 자신의 것인 양 기뻐해 주었다.

그러던 어느 날 저녁, 장대 같은 소나기가 퍼부었다. 주막 앞에서 비를 긋고 있던 나카조 앞을 기세 좋게 가로질러 양쪽 허리에 칼을 늘어뜨린 사무라이가 주막 안으로 들어갔다. 머리카락은 이발비가 없어서 길게 늘어뜨린 채, 여름인데도 겨울옷의 안감을 뜯어낸 것을 입고 있었다. 잘생긴 얼굴의 다부져 보이는 사내였다.

'술 좀 주쇼'라는 말이 떨어지기가 무섭게 단번에 들이마셨다. 잠시 비를 피하려고 했지만 '이 우산을 가져가세요'라고 말하는 주인에게 '고맙소'라고 말하고 우산을 펼쳐보니 거의 망가져서 쓸 수가 없는 것이었다.

"완전히 무시당했군. 이래봬도 원래는 장군 직속부대에 속해 있었는데, 바로 이런 걸 두고 몰락이라고 하는 거군."

이렇게 말하며 우산을 버리고 빗속으로 떠나갔다. 이 일을 처음부터 지켜보고 있던 나카조는 감동으로 몸이 떨려왔다.

"그래, 이거야. 이게 바로 오노 사다쿠로다."

오노 사다쿠로는 원래 장군 직속 가신 중에서도 높은 지위에 있던 자의 집안에서 태어났다. 그러던 것이 몰락에 몰락을 거듭한 끝에 산적으로까지 떨어지게 되었다. 명문가에서 태어났지만 운명의 장난으로 인해서 몰락해 가는…… 그런 인물을 연기해야 하는 것이었다.

이전까지 도시락 막에 등장하는 인물을 연기하던 배우들은 산적의 모습을 하고 등장했었다. 하지만 나카조는 그렇게 하지 않았다. 연극 첫날, 머리를 풀어헤친 나카조는 옷의 안감을 뜯어내고 머리에서부터 물을 뒤집어쓴 채 무대에 등장했다. 바로 그날 지녁에 본 사무라이의 모습 그대로였다.

"무대에 비라도 내리고 있는 것 같은데요."

"네, 그런데요."

관객들이 무대는 보지도 않은 채 도시락을 즐기고 있을 때 물이 쏟아져 내렸다. 비가 내리나? 하며 문득 무대를 올려다보니 거기에는 지금까지 그 누구도 본 적이 없는 사다쿠로가 서 있었다. 관객들은 깜짝 놀랐다는 듯 도시락을 든 채 움직일 수가 없었다.

27

명인(名人)에게서 배우는
막간을 두는 법

바로 이때다. 엥락쿠 씨가 능숙하게 막간을 두는 것은.

"객석은 찬물을 끼얹은듯 조용해집니다. 모두가 나카조의 사다쿠로를 보고 가슴이 덜컥 내려앉은 것입니다. 여러분, 사람이란 너무나 감동하게 되면 박수조차도 치질 못합니다. 박수를 칠 수 있다는 것은 아직 마음에 여유가 있다는 증거입니다. 너무나도 뛰어난 사람의 재주를 보게 되면 박수를 칠 여유도 웃을 여유도 갖질 못하게 됩니다. …… 바로 지금과 같은 상태입니다."

회장은 박장대소. 공연을 하고 있는 엥락쿠 씨 자신도 껄껄, 커다란 웃음을 터뜨리고 만다. 관객이 만담에 가만히 집중하고 있을 때 갑자기 긴장감을 풀어버린다.
"……바로 지금과 같은 상태입니다."

"……."

이것이 절묘한 막간인 것이다.

이것을 우리는 비즈니스에 응용할 수 있다. 영업사원이라면 막간에 대해서만은 상당히 진지하게 생각해주길 바란다. 왜냐하면 이 1, 2초 동안이라는 시간이 성패를 좌우하는 경우가 적지 않기 때문이다.

"이 상품, 비싼 편이지?"

"틀림없이 가격은 좀 비싸지만 그 정도의 부가가치는 있으니까요. 손님이 바라던 바로 그 제품입니다."

"어떻게 한담."

이때 2류 영업사원은 더욱 분주하게 자료를 찾아내어 이래저래 설득을 하려고 한다. 그리고는 실패를 하게 된다.

하지만 유능한 영업사원은 그런 어리석음은 범하지 않는다.

"어떻게 하시겠습니까? ……."

이렇게 막간을 두고 상대에게 결단을 내리게 한다. 설득은 '역시 안 되겠어'라는 답을 들은 뒤에 하면 되는 것이다.

"음, 어쩐다지?"

"……."

"결정하기 힘든걸."

"……."

상대방의 말을 듣고만 있다. 눈으로 가만히 고객을 바라본다.

"좋았어, 사지."

"감사합니다. 절대로 손해는 안 보실 겁니다, 손님!"

막간을 둠으로 해서 영업사원은 고객에게 결단을 요구하는 것과 같은 효과를 거둘 수 있는 것이다. 지금이 승부처, 여기가 포인트라고 생각된다면 쓸데없이 일을 서둘러서는 안 된다. 충분히 막간을 두자.

막간을 확실하게 둘 수 있게 된다면 표현술에 있어서는 이제 어엿한 한 실력자가 된 것이다. 이야말로 '표현술의 진수'라고 할 수 있을 것이다.

> **One point** | 성공하는 사람의 표현술은 이것이 다르다! |
>
> 막간을 둠으로 해서 영업사원은 고객에게 결단을 요구하는 것과 같은 효과를 거둘 수 있는 것이다. 지금이 승부처, 여기가 포인트라고 생각된다면 쓸데없이 일을 서둘러서는 안 된다. 충분히 막간을 두자.

3

세계에서 가장 효과적인
표현술

웃는 얼굴은 마음의 여유, 신뢰의 증거,
즐거워서 견딜 수가 없다는 메시지이다
__나카지마 다카시

28
마음을 열어주는 인사법

비즈니스맨, 아니 인간이 아침에 일어나서 가장 먼저 행하는 커뮤니케이션은 '인사'가 아닐까?

"안녕하세요?"
"야아! 잘 지냈어?"
"어제 어땠어?"
여러 가지가 있을 것이다.
하지만 사람을 만나도 인사를 하지 않는 사람도 있는가 하면, 가능하면 인사를 하고 싶지 않은 사람이 있다.
전자의 경우는 틀림없이 주위 사람들에게 괴팍하게 구는 사람, 좀 이상한 사람, 사회생활을 영위할 수 없는 사람이라고 인식될 것이다. '나는 틀려먹은 인간입니다'라는 간판을 내걸고 돌아다니는 것과 같은 것이다.

이런 부류의 사람들은 이쪽에서 제아무리 인사를 해도 소용없다. 절대로 그에 답하지 않는다. '저 사람에게 잘못한 것이 있었나?'라며 내가 반성을 하고 기분이 나빠지게 된다.

후자의 경우는 무섭게 보이는 사람, 괴팍하게 굴 것 같은 사람, 말을 걸었다가는 되려 당할 것 같은 사람 등 주로 외면적 요인 때문에 손해를 보는 경우가 많다.

내가 처음 사회에 발을 내디뎠을 때, 이런 면에서 손해를 보고 있는 상사와 선배들이 주위에 몇 명 있었다. 물론 모두들, 내가 인사를 하면 '그래. 안녕'하며 대답을 했다. 당연한 일이다. 이것이 사회인으로서의 상식 아니겠는가?

굳이 말하자면 전자는 '폐쇄계(閉鎖系) 인사 불능 타입', 후자는 '개방계 인사 거절 타입'이라고 할 수 있을 것이다.

인사는 '마음을 열다'는 의미이다. '저 사람, 조금 까다롭게 구는데'라고 생각된다 하더라도 조금 용기를 내어 인사를 해보는 것이다. 언제나 떫은 감을 씹은 듯한 얼굴을 하고 있던 사람이라도 그 순간만은 빙그레 웃으며 인사를 해줄지도 모른다.

그것이 인연이 되어 '아, 잘 지내?', '열심히 하는군', '다음에 한잔 할까?'라며 점점 사이가 가까워지니 참으로 신기하다고 하지 않을 수 없다. 이때처럼 '그때 한마디, 인사하기를 잘했다'라며 깊이 깨닫게 되는 적도 없다.

자동차용품업계 2위인 옐로우햇의 가기야마 히데사브로(鍵山秀三朗, 상담역)는 한 초등학생의 시를 포스터로 만들어 많은 사람들에게 나눠주었는데 그 내용은 다음과 같다.

"안녕히 주무셨어요?" 하면 눈이 떠진다
"잘 먹겠습니다." 하면 배가 고파진다
"다녀오겠습니다." 하면 씩씩하게 갈 수 있다
"감사합니다." 하면 기분이 좋아진다
"죄송합니다." 하면 마음이 놓인다
"안녕히 주무세요." 하면 신나는 꿈을 꾸게 된다
인사는 정말 즐거워.

참으로 뛰어난 설득력이 아니겠는가? 진심으로 동감을 하게 된다.
'왜 인사를 해야 돼?'라고 아이들이 물으면 '인사를 하면 이런 즐거운 일들이 가득하단다'라며 가르쳐줄 수 있을 만한 것들이다.

> **One point** | 성공하는 사람의 표현술은 이것이 다르다!
>
> 인사는 '마음을 열다'는 의미이다. '저 사람, 조금 까다롭게 구는데'라고 생각된다 하더라도 조금 용기를 내어 인사를 해보는 것이다. 언제나 떫은 감을 씹은 듯한 얼굴을 하고 있던 사람이라도 그 순간만은 빙그레 웃으며 인사를 해줄지도 모른다.

29

나의 인사는 몇 점짜리인가?

나는 내 주위에 있는 사람들 모두를 고객, 투자가라고 생각하고 있다.

이것은 20대부터 변함없이 계속해서 유지해온 자세다. 물론 인사는 솔선해서 행하고 있다고 생각하고 있다(학생에게도 물론 내가 먼저 인사를 한다).

인사에는 돈이 단 한푼도 들지 않는다. 그럼에도 불구하고 인간 사이의 커뮤니케이션에 이것만큼 효과가 뛰어난 방법도 없다.

그 증거로, 동서고금을 막론하고 인간은 언제나 인사에 신경을 써왔다.

예를 들어서 서양식 인사인 '악수'는 '무기를 가지고 있지 않습니다'라는 메시지이며, 어떤 부족의 인사 중에는 서로의 음부를 비벼대는 표현법도 있으며, 서로에게 침을 뱉는 표현법도 있다고 한다. 이에 비하면 우리나라의 인사법은 매우 간단하다. 이것을 하지 않을 이유가 없지 않겠는가?

여기서 꼭 생각해보길 바라는 것은 '만약, 자신의 인사에 가격을 매긴다면 얼마가 될까?' 하는 점이다. 당신의 인사를 주위 사람, 예를 들어서 고객은 얼마에 살 것인가?

예전에 '백만 달러짜리 미소'라고 불리던 여배우가 있었다. 이렇게까지 자신을 변화시킬 필요는 없을지도 모르겠지만, 당신의 인사를 단돈 백 원으로도 사주지 않는다면 애석한 일이다. 이것을 만 원의 가치로 만들기 위해서는 어떻게 하면 좋을지? 백만 원으로 만들기 위해서는 어떻게 하면 좋을지 연구할 만한 가치는 있을 것이라고 생각한다.

인사만큼 중요한 '표현술'이 바로 미소다.

조금 자랑처럼 들릴지도 모르겠지만 나는 '웃는 얼굴이 보기 좋다'는 말을 몇 번 들은 적이 있었다. '달리 칭찬할 만한 점이 없어서일 거예요'라며 아내는 입바른 소리를 하지만 그래도 나는 기쁘다. 그러고 보면 내가 처음으로 책을 출판하게 된 것도 일하는 모습이나 활동 내용, 프로필, 스킬 등과 같은 것 때문이 아니었다. '자네, 참 좋은 인상을 가지고 있군'이라고 한, 중국의 관상학을 연구하고 있던 출판사 사장의 한마디 때문이었다.

20대 중반부터 시작한 비즈니스맨 스터디그룹에 이름이 알려진 저명인사들을 무료로 초청하여 강연을 들을 수 있었던 것도 '웃는 얼굴이 마음에 들어서 협력하는 거예요'라는 한마디 때문이었다.

이것은 사내에서도 마찬가지인듯, '그 사람, 언제나 웃는 얼굴이야. 일(법인 세일즈)도 힘들 텐데 매우 강인한 사람이야'라며 책임자도 칭찬을 하고 있다는 이야기를 그 부문의 동료들로부터 곧잘 전해듣곤 했었다. 사람은 보지 않는 것 같아도 지켜보고 있는 법이다. 그것도 훤히 꿰뚫어보고 있는 것이다.

'웃는 얼굴은 마음의 여유'를 나타내는 표현인 것이다. '웃는 얼굴은 당신을 신뢰하고 있습니다'라는 메시지이기도 하다. '웃는 얼굴은 너무 즐거워서 견딜 수가 없다'고 하는 '능숙한 표현술'인 것이다.

만약 당신이 영업사원인데 고객에게 특별히 제공할 서비스가 아무것도 없다면 최소한 이 웃는 얼굴이라도 보여주길 바란다. 맥도널드에서도 '스마일 0원'이라며 미소의 소중함을 주장하고 있지 않은가?

나 자신도 '이 점원 참 기분 좋게 하는데. 어차피 살 거라면 무뚝뚝한 저 점원보다는 웃는 얼굴이 보기 좋은 이 사람에게서 사자'라고 생각하게 되는 경우가 한두 번이 아니다. 기분 좋게 사고 싶고, 기분 좋게 살고 싶고, 기분 좋게 지내고 싶은 것이 사람의 심리다.

지금 되돌아보면, '백만 달러짜리 미소'로 알려졌던 여배우보다도 20대 당시의 내가 백만 달러보다도 훨씬 더 많은 득을 보고 있었던 것이 아닐까 하는 생각이 들기도 한다.

30
정치가 이상으로 얼굴을 판 사람

일본에서 인사나 악수를 가장 많이 하고 있는 사람은 누구일까?

연예인?
우리는 가수가 공연중에 팬과 악수를 하거나 사인회에서 악수를 하는 모습을 자주 보곤 한다.
그래도 가장 악수를 많이 하는 사람은 역시 정치가일 것이다.
진심에서 우러나오는 것인지 어떤지는 모르겠지만, 수치에서만은 뒤지지 않을 것이다. 하얀 장갑을 끼고 닥치는 대로 악수한다. 상대는 원하지도 않는데 억지로 악수를 하려고 한다. 선거 홍보용 차를 타고 다시면서는 손을 흔들고, 차에서 내려서는 여기저기 걸어다니며 느닷없이 '악수'를 감행한다. 정말로 악수를 좋아하는 사람들이다.
나는 비교적 정치가를 상대로 강연을 많이 하는 편인데, 그들의 말을 들어보면 역시 '손이 부을 정도로 악수를 하지 않으면 당선하지 못한다'는 것이었다. 마음이 감동으로 저려오기도 전에 손부터 저려오는 것이다.

"한 표 부탁합니다."

"그래, 알았어."

유권자가 뭐라고 대답하든 이 한 표를 확실하게 굳히기 위해서 악수를 한다.

악수를 하는 순간에 상대방의 얼굴을 본다. 정말로 한 표를 얻은 것인지는 바로 그 순간에 알 수 있다고 한다. 악수로 당락을 예상해보는 '악수 점(占)'이라고 할 수 있을 것이다.

얼굴을 알린다는 것은 매우 힘든 일이다. 이것은 비즈니스맨이나 장사를 하는 사람도 마찬가지다.

인사는 '유능한 표현술' 중에서도 기본이 되는 것이라고 생각하고 있는데, 이에 관해서 20대 중반에 좋은 경험을 한 적이 있었다.

당시 후지 텔레비전의 코미디 붐을 불러일으키는 계기를 만든 요코자와 다케시(橫澤彪, 당시 제네럴 프로듀서, 현 요시모토코교 도쿄 본부 대표) 씨의 강연회에 참석하게 되었는데, 강연을 의뢰한 것은 한 회원제 클럽이었다. 그 가게에서는 경영자의 방침으로 일 년에 몇 번씩 강연회를 주최하여 손님에 대한 서비스를 실시하고 있었다. 물론 술을 마시면서 이야기를 듣는 것이다. 둘을 연결시켜준 책임이 내게도 있었기 때문에 한쪽 구석에서 참관을 했다.

강연회가 끝나면 게스트인 요코자와 씨는 방면이나.

그런데 이 사람은 돌아가질 않았다. 그대로 각 테이블을 돌아다니면서 명함을 교환하기도 하고, 질문에 답하기도 하고, 취객의 이야기에 진지하게 귀를 기울이기도 하는 것이었다.

'그만 돌아가도 되는데.'

진심으로 서비스 정신이 투철한 사람이라고 느꼈다. 이런 요코자와 씨의 모습이 20대였던 나의 눈에는 매우 신선하게 다가왔다.

'그래, 이 사람은 인간에 대해서 꾸밈이 없구나. 취객이라 하더라도 손님은 손님. 그리고 이 클럽 경영자의 입장을 생각해본다면 오늘은 자신이 주역이 되지 않으면 안 된다.'
이런 생각을 가지고 있었을 것이다. 즉, 자신의 역할을 완벽하게 수행해준 것이었다.

결국 그는 모든 테이블을 한 바퀴 돌고 나서 마지막으로 주최자에게 인사를 마친 뒤 돌아갔다. 애초부터 '강연이 끝나고 바로 돌아가면 된다'는 생각은 않고 있었던 것이었다.

요코자와 씨가 다모리(タモリ)나 다케시(たけし), 삼마(さんま―세 명 모두 일본 코미디계에서 상당한 영향력을 행사하고 있다―역자 주) 씨들로부터 전폭적인 신뢰를 얻고 있는 것은 바로 이러한 '성숙한 표현술=성숙한 교제'를 할 줄 아는 사람이기 때문이라는 사실을 이 순간 깨닫게 되었다. 그의 풍부한 인맥은 이렇게 해서 인간관계를 하나씩 구축해온 것에 대한 결과물이었던 것이다.

31

이름을 부르면 훨씬 더 친해진다

인간이 가장 좋아하는 말이 무엇인지 알고 계시는가?

"사랑, 인가?"
아니, 아니. 그렇지 않다.
"평화다!"
아니다.
정답은 '자신의 이름'이다.
나의 경우는 '나카지마 씨'나 '다카시 씨'라고 불리는 것('다카짱'이라도 상관은 없지만).
생각해보면 이름은 가장 친숙한 말이라고 느껴진다. 자기 스스로가 부르는 경우는 거의 없기 때문에 가장 많이 사용하는 사람은 부모나 애인일 것이다.
하지만 언제나 듣기 때문에 친숙함을 느낀다. 그 증거로 누군가 이름을 부르면 자신도 모르게 뒤를 돌아다보게 되는 경험은 여러분도 겪었을 것이다. 그만큼 이름이라는 것은 잠재의식 깊은 곳에 스며들어 있는 것이다.

그렇다면 이 습성을 '표현술'에 응용하기 위해서는 어떻게 하면 좋겠는가?

그렇다, 사람을 부를 때는 가능한 한 이름으로 부르는 것이다.

나가시마 시게오 씨가 지금처럼 사랑을 받게 된 이유는 마치 만화와도 같은 우주인적인 발상과 행동 때문이 아니겠는가? 지난날, 취재 때문에 명함을 건네주었더니 그 자리에서 바로 '나카지마 씨'라고 이름을 부르며 이야기를 걸어왔는데, 이런 허물없는 태도가 친밀감을 느끼게 하는 분위기를 자아냈기 때문일 것이다. 취재가 끝나면 완전히 잊어버리고 말겠지만 '이름을 불러주는 것만으로도 취재 중에는 기분 좋게 일을 할 수가 있었다'고 느낀 기자나 아나운서들이 적지 않았을 것이다.

인간이란 그런 존재다.

이런 방법을 손님을 상대하는 비즈니스에 적용시키지 않을 수 없지 않겠는가?

어떻게 해서든 상대의 이름을 알아낼 것. 일은 여기서부터 시작되는 것이라고 생각해도 좋을 것이다.

32

일류 호텔의 '세련된 표현력'

일류 호텔과 이류 호텔의 차이는 전통이나 평판에만 있는 것이 아니다. 프론트에서 체크 인 했을 때의 대응 방법으로도 그 차이를 알 수 있다.

'손님, 손님' 하며 쉽게 호칭하는 호텔 중에 그럴 듯한 곳은 없다.

손님의 이름을 잘못 부르지 않기 위해서라기보다도 처음부터 이름을 기억할 마음이 없기 때문이 아닐까 하는 느낌을 떨칠 수가 없다.

반대로 '○○님'이라고 확실하게 이름을 부르게 하는 호텔도 있다.

투숙객의 이름을 알게 된 순간부디 비로 '○○님'이라고 부르기 시작하는 것이다. 하지만 그렇게 하는 곳은 그리 많지 않다.

나는 그다지 호텔을 이용하지 않지만, 나의 형님은 전국을 돌아다니고 있기 때문에 회원으로 가입한 호텔이 적지 않다. 그러면 지배인은 이름을 기억하고 있다가 내가 머물게 되면 방에 과일과 꽃을 보내주기도 한다.

물론 그런 호텔에서는 나의 이름을 불러준다. 사소한 일이지만 그것으로 인해서 '나를 소중하게 생각하고 있다'는 인상을 받게 된다.

서비스업, 세일즈 분야에서는 절대로 잊어서는 안 될 표현술이다.

프론트는 첫 관문인 만큼 그곳에서 첫인상이 결정되니 세심한 주의를 기울여주기 바란다.

영업사원도 마찬가지로 고객과 명함을 교환했다면 그 다음부터는 'ㅇㅇ님', 'ㅇㅇ사장님', 'ㅇㅇ부장님'이라고 이름으로 불러야 할 것이다. 나도 영업사원 시절에는 상대의 이름을 반드시 기억하고 불러주었다.

왜냐하면 그렇게 얼굴을 보면서 이름을 부르는 중에 얼굴과 이름이 하나가 되기 때문이다. 나중에 명함을 보고 '이게 누구였더라?'며 고민을 하지 않아도 된다. 즉, 처음부터 기억을 해두는 것이다.

사람들 중에는 고객의 이름을 잊어버려서 '오늘 누구를 만나기로 했더라?'라며 안내 데스크 앞에서 우왕좌왕하는 영업사원도 가끔 볼 수가 있는데, 이래서는 중요한 상담(商談)이 원만하게 진행될 리가 없다.

평소에 상대의 이름을 부르는 습관을 들여놓기만 한다면 이런 일은 일어나지 않을 것이다. 이런 습관이 오랜 비즈니스 인생에서 차이를 만든다. 그것이 심지어는 성적의 차이로까지 연결된다. 그렇기 때문에 그저 직함만으로 부르기에 그쳐서는 안 된다.

물론 어려운 이름이라면 정확하게 부를 수 있도록 꼭 물어봐야 한다. 이것을 적당하게 대응해서는 안 된다. '河野'는 '가와노'나 '고노'로, '中島'는 '나카시마'나 '나카지마'로 사람에 따라서 부르는 방법이 다르다. 나고야(名古屋), 히로시마(廣島), 후쿠오카(福岡)로 강연을 가면 '나카시마 씨, 나카시마 씨'라고 주최자가 부른다.

'죄송합니다. 정확하게는 나카지마입니다'라며 일일이 바로 잡도록 요청한 적이 있었다. 장소가 변하면 이름(을 부르는 방법)도 변했던 것이다.

One point | 성공하는 사람의 표현술은 이것이 다르다! |

사람들 중에는 고객의 이름을 잊어버려서 '오늘 누구를 만나기로 했더라?'라며 안내 데스크 앞에서 우왕좌왕하는 영업사원도 가끔 볼 수가 있는데, 이래서는 중요한 상담(商談)이 원만하게 진행될 리가 없다.

33

긴자(銀座) 마담에게서 배우는 '능숙한 표현술'

명함의 숫자에 따라서 장사의 성패가 결정되는 것이 클럽의 마담일 것이다. 명함의 숫자는 만난 사람들의 숫자. 다른 업종의 교류회에서 여러 사람과 명함을 교환하고 '인맥이 생겼다!'며 기뻐하는 것과는 얘기가 다르다. 마담들은 목숨을 걸고 명함을 교환한다. 그런 만큼 명함은 재산이다. 이것만 있으면 다른 가게로 옮겨도 장사를 할 수 있으며 독립해서 가게를 열 수도 있다.

한 긴자 마담의 '능숙한 표현술'은 다음과 같다.
"우리 가게는 처음이지요?"
"응, 처음이야. 잘 부탁해."
"와주셔서 고마워요. 대환영이에요. 전 마담인 ○○이에요."
이때 마담은 명함을 건네주는데, 손님은 그것을 받아볼 뿐 자신의 명함은 주지 않는다. 여기서 한마디.

"이 넥타이, 센스 있는데. 너무 멋쟁이시다. 멋있어. 누가 골라준 거야? 애인이?"

"무슨 소리 하는 거야? 내가 골랐어."

"근데, 하나 물어봐도 돼?"

"뭐?"

"뭐가 뭐야. 오늘 무슨 좋은 일 있었지?"

"어? 어떻게 알았어?"

"얼굴에 다 써 있는걸 뭐. 가르쳐 줘. 뭐야, 무슨 일이야?"

"사실은 말이야……."

"어머, 정말 잘됐다. 근데 명함 안 줄 거야?"

"아, 미안, 미안. 여기 있어."

"그럼 다시 한 번, ○○ 씨를 위해서 건배! 앞으로도 자주 놀러 오세요. 부탁드립니다."

"나야말로 잘 부탁해."

물론 이후부터 손님의 이름을 연발하는 것은 말할 것도 없다. 한 시간 정도 지나면, 예를 들어서 나카지마가 '나카 씨'나 '나 씨'처럼 단축번호 취급을 당하게 되는 경우도 있다. 하지만 이것도 친밀함을 표현하는 은밀한 메시지다. '단골처럼 대접을 해줄 테니 정말로 자주 놀러 와야 돼'라는 '능숙한 표현술'이다. 단, 이런 표현을 직장에서 그대로 응용한다는 것은 조금 생각해볼 필요가 있을 것이다.

'알았어. 이름을 부르면 거리감이 확 줄어든단 말이지'라고 생각하여 갑자기 이름으로만 **부르는** 사람들이 있는데, 이것은 오히려 역효과를 불러올 수도 있다. 직장에는 역시 직장의 규율이라는 것이 있는 법이다. 특히 여사원의 이름을 갑자기 부르면 '앤 줄 알아?', '여자라고 무시하는 거야?', '기분 나빠'라고 느낄 것이 확실하다. 잘못하면 성희롱으로 고소당할지도 모른다.

인간관계에는 절도가 있는 법. 예를 들어서 커뮤니케이션을 놓고 보더라도 거기에는 당연히 '퍼스널 스페이스', 즉 '이 사람에게라면 이런 얘기도 할 수 있다', '이 정도 거리감을 두어야 마음이 놓인다'라는 자신만의 영역이 있는 것이다. 부부, 애인 사이라면 가까운 거리라도 상관없지만 상사가 느닷없이 영역을 넘어서 들어온다면 부하는 불쾌감을 느끼게 될 것이다.

참고로 그 거리감에 대해서 적어보겠다. 단, 사람의 마음에는 개인차라는 것이 있기 때문에 이것은 어디까지나 일반적인 평균 거리감에 불과하다.

① **친밀한 관계(가족, 연인 등)**
45cm 이내
② **개인적인 관계(친구관계)**
45~120cm 이내
③ **사교적인 관계(직장의 동료와 일을 할 때)**
120~360cm 이내
④ **공식적인 관계(공적 인물과 공식적인 장소에서 대면할 때)**
360cm 이상

위의 물리적인 거리감을 바탕으로 계산해보면 어느 정도로 불러야 할지를 자연스럽게 알 수 있을 것이다.

34

메일 매거진에서도 독자의 이름을
불러주는 게 인기 비결!

홈페이지를 개설한 지 몇 년이 지났다. 한 달에 60만 히트 이상을 기록하고 있었기에 메일 매거진을 발행할 필요를 조금도 느끼지 못하고 있었다.

지금, 메일 매거진의 발행 종류는 헤아릴 수도 없이 많다고 한다. 이렇게 종류가 증가하자 예전과는 달리 좀처럼 발행부수가 늘어나지 않는다는 것이었다.

이 말을 듣고 천성이 조금 비뚤어져 있는 나는, '그래? 한번 발행해보자'고 결심을 하자마자 '마구마구(まぐまぐ)'에 의뢰하여 단 일주일 만에 발행을 해버렸다. 홈페이지에서 어느 정도 실적을 쌓았기 때문에 그렇게 빨리 발행할 수 있었던 것이었다고 생각한다.

내게 있어서 홈페이지와 메일 매거진은 모두 '능숙한 표현술'

의 도구로 인식되고 있다. 정보발신이자 자기실현이며, 자기표현인 것이다. 물론 그곳에서 발표한 것은 언젠가는 단행본이 되니 제아무리 공을 들여도 손해볼 것은 없다. 덕분에 매우 유쾌하게 즐기고 있다.

메일 매거진의 제목은 〈지금, 이 사람이 가장 재밌다! 나카지마 다카시의 감동! 인간학원〉이라는 것이다. 발행 철학은 감동. 매주 만난 사람들 중에서 '감동했다!', '재미있다!'라고 느낀 사람을 뽑아서 그의 독특한 비즈니스나 발상법, 매니저 기술, 인생철학까지를 절묘한 터치로 소개하고 있다(고 나는 생각한다). 그리고 영화나 책, 음악, 연극 등 다방면에 걸쳐서 감동의 원천이 될 만한 것들을 소개하고 있다. '인간 사막에 한 방울 오아시스가 되고 싶다'고 진지하게 생각하고 있다.

그런데 내 메일 매거진에는 자신이 보내는 것과 '마구마구'를 통해 보내는 것 두 가지가 있다. 물론 내용은 양쪽 모두 똑같다. 부수도 대체로 비슷하다(그러니 발행부수는 '마구마구'의 두 배라고 생각하면 될 것이다). 발행부수는 곧 '마구마구'에서 상위에 랭크되었다.

이 메일 매거진의 서두에 주의하시기 바란다.

'나카지마 씨. 언제나 구독해주셔서 감사합니다'라는 식으로 상대방의 이름을 명확하게 붙여서 부르고 있는지를 잘 보아야 한다.

만약, 당신의 메일이 위와 같은 식으로 되어 있지 않다면, 즉 '언제나 구독해주셔서 감사합니다'라는 식의 형식적인 인사로 시작된다면 독자가 해지할 가능성이 높아진다고 해도 할말이 없을 것이다.

앞서 말한 것처럼, 인간은 자신의 이름을 가장 좋아하는 법이다. 비록 '등록 폼에 기입을 하면 자동적으로 서두에 이름이 기록되게 되어 있다'는 사실을 알고 있다 하더라도 자신을 이름으로 불러주는 메일 매거진에는 친숙함을 느끼게 된다.

좋고 나쁨의 문제가 아니다. 어느 것이 더 득이 되고 손해가 되느냐 하는 문제다. 이름으로 시작하게 하는 시스템을 채용할 것인가, 아니면 한꺼번에 일률적으로 불러도 그만인가? 이 문제에 대해서 깊이 생각해보는 것이 좋을 것이다.

One point | 성공하는 사람의 표현술은 이것이 다르다!

인간은 자신의 이름을 가장 좋아하는 법이다. 비록 '등록 폼에 기입을 하면 자동적으로 서두에 이름이 기록되게 되어 있다'는 사실을 알고 있다 하더라도 자신을 이름으로 불러주는 메일 매거진에는 친숙함을 느끼게 된다.

35

일류와 이류의 표현술의 차이

"저희 호텔에서는 고객님의 말을 함부로 바꾸는 일은 절대로 없습니다."

예전에 호텔 오쿠라의 경영자로부터 이런 말을 들은 적이 있었다.
정말일까?
조금 짓궂은 짓이라는 생각이 들기도 했지만 카페와 레스토랑을 이용할 때 잠깐 실험을 해본 적이 있었다.

① '능숙한 표현'을 할 줄 아는 레스토랑

    나   미안하지만, 물 좀 줄래요?
    웨이트리스   알겠습니다. 물 말씀이시죠?
    나   저, 찬물로 가져다 줄 수 있어요?

웨이트리스 네. 찬물이요.

나 이거 포장 좀 해주게.
웨이트리스 알겠습니다. 포장해드리겠습니다.
나 이거 테이크 아웃 가능한가?
웨이트리스 알겠습니다. 테이크 아웃 말씀이시죠?

② '미숙한 표현'밖에 하지 못하는 레스토랑

나 물 좀 줘요.
웨이트리스 찬물로 드릴까요?
나 그래, 찬물로 줘요.

나 이거 포장 좀 해주게.
웨이트리스 네. 테이크 아웃이요?
나 그래, 테이크 아웃 부탁하네.

두 표현의 차이를 알겠는가?

후자의 경우는 웨이트리스가 아닌 고객이 '말을 바꿔서 표현' 하지 않으면 안 된다. 이것은 고객에 대한 실례에 지나지 않는다. '능숙한 표현'과 '미숙한 표현', 즉 일류와 이류의 표현술의 차이다.

사소한 일이지만 안타깝게도 이렇게 철저하게 교육을 시키고 있는 호텔은 매우 적다. 거짓말이라고 생각된다면 당신도 실험을 해보시기 바란다.

비록 손님의 말이 촌스럽고 요즘 시대에 맞지 않는다 할지라도 똑같은 말로 손님을 대한다. 바로 이것이 상대에게 부담을 주지 않는 '능숙한 표현술'인 것이다.

'물 좀 줘요'라고 했는데 '찬물로 드릴까요?'라고 대답을 하면 '당신의 말은 적절하지 못하다. 물이 아니라 찬물이라고 해야 한다'고 말하고 있는 것이라는 생각을 갖게 한다.

"여기 물을 가지고 왔습니다."

"네 포장해드리겠습니다."

상대방이 사용한 말을 그대로 사용해야만 상대의 기분을 상하지 않게 할 수 있는 것이 아니겠는가?

'즐거우셨습니까?', '여기, 파스타입니다'라고 하는 패밀리 레스토랑의 표현을 비난하기보다는, 현장에서 매일 장사를 하고 있는 사람들이 해야 할 일은 '고객의 기분을 상하지 않게 하는 우리말을 사용하는 것'이다.

올바른 우리말을 사용하기 위해서는 어떻게 해야 하는가에 관한 일은 학자나 전문가들에게 맡겨두면 될 일이다.

36

표현을 조금 바꾸는 것만으로도
판매율 상승의 효과!

말을 바꿔서 표현하는 것을 피해야 하는 이유는 상대의 기분을 상하게 한다는 것에만 있는 것이 아니다.

다음과 같은 경우를 생각해보자. 당신이 고객이라면 어떤 점원으로부터 물건을 사고 싶어지겠는지를 생각해보기 바란다.

① 말을 바꿔서 표현해버리는 점원

고객 얇고 가벼운 시계가 필요한데.

점원 이 시계는 두께가 ○mm, 무게 ○g이니 이것으로 하시면 어떻겠습니까?

② '능숙한 표현'을 할 줄 아는 점원

고객 얇고 가벼운 시계가 필요한데.
점원 두께가 ○mm로 얇고, 겨우 ○g밖에 안 될 정도로 가볍습니다. 이것으로 하시면 어떻겠습니까?

두 가지의 차이점을 아시겠는가?
'말을 바꿔서 표현'하는 점원은 '얇고 가벼운 것이 필요하다'고 한 고객의 요구에 직접적으로 반응하지 않고, '두께', '무게'라는 정반대 되는 표현을 사용해버렸다. 이렇게 하면 주파수가 맞지 않기 때문에 고객은 얼른 받아들이질 못한다.
쇼핑은 논리적인 생각에 의해서 행해지는 것이 아니라 충동에 의해서 행해진다는 말이 있는 것처럼 감성에 따라서 결정되는 면이 매우 강하다. 그렇기 때문에 '두껍고 무겁다'는 생각이 들게 할 가능성이 있는 위험은 피해야만 한다. 실제로 '능숙한 표현'을 할 줄 아는 점원은 같은 말을 할 때 '얇다', '가볍다'는 고객의 요구에 일치하는 표현을 사용하고 있질 않은가?
'어느 점원에게서 살 것인가?'라는 질문을 받는다면 당신도 틀림없이 뒤에 든 점원에게서 사겠다고 대답하지 않겠는가?
'아 다르고 어 다르다'는 말이 있다. 대체 무엇을 세일즈 포인트로 삼을 것인가? 그 세일즈 포인트를 강조하는 표현을 사용하지 않으면 팔리지 않는 법이다.
커뮤니케이션은 상대와 표현의 캐치볼을 하는 것이다. 그렇다면 상대가 받아들이기 쉬운 표현법을 사용해주는 것이 예의가 아니겠는가? 그렇게 할 수 있어야만 비로소 '능숙한 표현'이라고 할 수 있는 것이다.

단, 말을 바꿔서 표현하는 경우라도 전통을 존중하는 표현은 해도 괜찮다. 무엇이든 새로운 것이 좋은 것만은 아니다. 오래된 표현에는 역사와 전통, 즉 브랜드를 상징케 하는 것이 있다.

예를 들어서 다음의 표현법을 비교해보자.

① **'미숙한 표현'밖에 하지 못하는 변호사**
억지로 소송을 걸어서 재판을 하게 되면 90%가 지게 되어 있습니다. 그러니 힘듭니다.

② **'능숙한 표현'을 할 줄 아는 변호사**
아, 소송 걸 수 있습니다. 단, 재판에서 이길 수 있은 확률은 10% 정도일 겁니다.

① **'미숙한 표현'밖에 하지 못하는 비즈니스맨**
지금의 봉급 천 만 엔이 700만 엔이 되어도 상관없으니 고용해주십시오.

② **'능숙한 표현'을 할 줄 아는 비즈니스맨**
지금의 봉급 700만 엔을 천 만 엔으로 해주십시오. 그 대신 이 일과 이 일을 반드시 성공시키겠습니다.

① '미숙한 표현'밖에 하지 못하는 의사

　　안타깝게도 암이 발견되었습니다.

② '능숙한 표현'을 할 줄 아는 의사

　　다행입니다. 암을 조기에 발견하게 되었습니다.

다시 한 번 이야기하지만 아 다르고 어 다른 법이다. 표현에 따라서 상대에게 전혀 다른 효과를 줄 수 있는 것이다. 그것은 무엇보다도, 사람은 논리적인 사고가 아니라 '이거, 마음에 들어', '이거 멋진데'라며 감성에 의해 순간적으로 판단을 하기 때문이다.

따라서 감성에 호소하는 표현을 하지 않으면 돈을 벌지 못하게 된다.

One point | 성공하는 사람의 표현술은 이것이 다르다!

커뮤니케이션은 상대와 표현의 캐치볼을 하는 것이다. 그렇다면 상대가 받아들이기 쉬운 표현법을 사용해주는 것이 예의가 아니겠는가?

37

거지를 구한 한마디

프랑스의 시인 중에 안드레 브르통이라는 사람이 있었다.

그가 뉴욕에 살고 있었을 때, 산책을 나가면 언제나 눈이 안 보이는 거지 사내와 마주쳤다고 한다.

길 가는 사람이면 누구나 그 사내의 목에 걸려 있는 플래카드를 볼 수 있었다. 거기에는 '저는 앞을 보지 못합니다'라고 쓰여 있었다.

하지만 안타깝게도 누구 하나 그의 빈 깡통에 동전을 넣으려고 하질 않았다.

어느 날 아침, 그 사내는 평소와 다름없이 목에 플래카드를 걸고 구걸을 하고 있었다. 그 모습을 보고 무슨 생각을 했는지 안드레는 '한 줄 덧붙이면 어떻겠는가?'라고 속삭였다. 그리고 그 자리에서 무엇인가를 써넣은 순간, 이번에는 깡통이 넘칠 정도로 동전이 쌓이는 것이었다.
 귀신에 홀린 듯한 이야기다. 이상하게 생각한 것은 그 거지였다. 지금까지 이런 적은 한 번도 없었다. 대체 어찌 된 일인가?
 "나리, 대체 뭐라고 써주신 겁니까?"
 "알고 싶나? 그럼 가르쳐주지. 이렇게 썼다네."
 시인 안드레 브르통이 적은 메시지는 다음과 같다.

 "곧 봄이 찾아옵니다. 하지만 저는 그것을 볼 수가 없습니다."

 사람은 논리만으로는 움직이지 않는다.
 머리로 생각하게 하는 말은 필요 없다. 마음을 울리는 말이 아니고서는 사람을 움직일 수가 없다. 머리로 생각한 말은 사람들의 머릿속으로밖에는 들어가지 않는다. 마음에서 흘러나온 말은 사람들의 마음으로 스며들어 간다.
 '저는 앞을 보지 못합니다.'
 이것은 누가 뭐래도 객관적인 사실임에는 틀림없다. 하지만 길 가는 사람들은 '안 됐군'이라며 머리로는 이해하지만, 공감을 하거나 도움을 주지는 않는다. 그렇기 때문이 동전이 모이지 않았다. '곧 봄이 찾아옵니다. 하지만 저는 그것을 볼 수가 없습니다'라는 문구를 본 순간, 봄은 모든 사람에게 찾아온다, 하지만 이 앞을 보지 못하는 거지 한 사람만은 봄이 오는 것을 실감할 수가 없다. 우리들과 같은 환경에 있으면서도 이 사람만이 보지 못한다……. 이 차이를 얼른 깨닫게 된다.
 '가엾게도. 좀 도와줘야겠군'이라고 공감하게 되며 연민의 정을 느끼게 된다. 어째서인지는 모르겠지만, 어찌 된 영문인지는 모르겠지만, 사람들에게 연민의 정을 느끼게 했다. 그렇기 때문에 동전을 던져준 것이다.

머리로 이해하는 것과 마음으로 이해하는 것 사이에는 차이가 있다. 마음에 이르는 표현을 하기 위해서는 접점을 찾아야 한다.

이 접점을 '마음의 가교'라고 표현해두기로 하자. 이 가교가 바로 '능숙한 표현'이다.

> **One point** | 성공하는 사람의 표현술은 이것이 다르다!
>
> "곧 봄이 찾아옵니다. 하지만 저는 그것을 볼 수가 없습니다."

38

고객을 깜짝 놀라게 하는 표현으로
매출 상승

사람은 생각지도 못한 일을 접하게 되면 놀라거나 감동을 한다. 감동을 하게 되면 감사하는 마음이 생겨난다.

"정말 괜찮아?"
"이 가게에서 이런 것도 한단 말이야?"
이런 놀라움이 감동의 근본이 되는 것이다.
 이런 면에서 고객의 '요구'를 충족시키는 비즈니스는 감동을 낳지 못한다. 요구는 고객이 처음부터 품고 있는 것이기 때문에 거기에서 놀라움은 생겨나지 않기 때문이다. 요구를 뛰어넘는 일을 해야만 비로소 고객은 감동한다.
 나는 지금 일본에서 가장 커다란 감동을 주고 있는 기업이 빅 카메라(본사 · 이케부쿠로, 사장 · 아라이 다카시)라고 생각한다. 매출액 4

천 3백억 엔(2003년 8월, 그룹 합산), 사원 수 3천 명의 기업으로, 1978년에 창업하였다.

이런 빅카메라를 단번에 내셔널 브랜드로 성장시킨 표현은 바로 이것.

"30%, 40% 할인은 기본!"

고객에게 있어서 가장 매력적인 것은 역시 할인이다. 싸게 파는 것이다. 누가 뭐래도 이 회사는 가격 파괴의 선구자다. 당시 이 메시지는 고객들에게 충분히 '놀라움', '충격', '임팩트'를 주었을 것이다.

"저 카메라를 30% 할인!"

"이 텔레비전이 40% 할인!!"

"다른 업소보다 1엔이라도 비싼 물건은 무엇이든 깎아드립니다."

기껏해야 15% 할인이 업계의 불문율이었음에도 불구하고 단번에 두 배 이상을 할인하겠다는 메시지를 보냈으니 '득을 봤다!', '쇼핑이 즐겁다'라는 설렘은 한층 더 컸을 것이다.

지금 이 회사의 임원으로 있는 사람조차도, 학생시절에 점포 여기저기에 붙어 있는 문구를 보고 처음에는 도저히 믿을 수가 없었다고 한다. 그만큼 커다란 충격이었기 때문일 것이다.

어떤 특정 상품만을 대폭 할인하여 파는 것은 누구나 할 수 있는 일이다. 하지만 이 점포에서는 모든 상품의 가격이 싸다(지금도 그렇다). 다양한 상품, 그리고 시가보다 싸다면 당연히 '어차피 살 바에는 빅카메라에서'라고 생각하게 된다. 값이 싸다는 사실에는 그만큼 고객을 끌어들이는 매력이 있는 것이다.

'고객을 즐겁게 해주기 위해서는 다양한 상품을 갖추는 것이 중요합니다. 빅카메라에 가면 꽃밭처럼 언제나 다양한 상품들이 가득하다. 그것도 그 모든 것이 다른 곳보다 싸다. 매장에서 상품을 손에 잡으면 예상 외의 싼 가격에 고객은 깜짝 놀란다. 이것도 변화율입니다'(아라이 씨의 말).

업계의 상식을 차례로 파괴한다. 그것이 고객의 눈에는 '변화율'로 비치는 것이다. 물론 그런 말은 사전에 실려 있지 않다. 빅카메라 특유의 전문용어이다.

같은 상품이 다른 어느 곳보다도 싸다. 쌀 뿐만 아니라 라이카, 콘탁스와 같은 상품을 자유롭게 만져볼 수가 있는 것이다. 당시 고가 카메라는 어디를 가나 전부 케이스에 넣어져 있었으며 고객들은 그저 진열장 너머로 그것을 바라볼 뿐이었다. 그야말로 아이쇼핑이었다. 그것을 전부 밖에 진열하도록 했다. 처음 매장을 찾은 고객은 가격에 놀라고, 상품의 다양함에 놀라며, 진열방법에 놀라게 되는 것이다.

지금 '다른 점포보다 1엔이라도 비싸면 깎아드립니다'라는 문구는 어느 점포에서나 사용하고 있는 표현이다. 하지만 원래는 빅카메라에서 시작한 것이었다.

39

고객에게는 '찾기 쉬운 가게'가 최고의 만족!

서비스에는 앞맛, 가운뎃맛, 뒷맛 등의 세 가지 종류가 있다.

앞맛이란, 실제로 고객이 상품을 구입하기 전 단계에 행하는 소비자에 대한 서비스다. 예를 들어서 찾기 쉬운 점포 만들기와 같은 것이 그것이다. '이 상품을 구입하자'고 마음먹고 매장을 찾았는데 대체 어디에 그 상품이 있는지 알 수가 없다. 이런 가게는 바람직하지 못하다. 심지어는 점원에게 물어보아도 모른다. 이것은 마치, 저희 가게에서 사지 않으셔도 괜찮습니다, 라고 말하고 있는 것과 다를 바 없다.

"찾기 쉬운 매장이 아니면 물건이 팔리지 않습니다."
"어디에 어떤 상품이 놓여 있는지 고객이 바로 알 수 있는가?"
몇 번이고 되풀이해서 지도해야만 한다.
왜냐하면 이것은 가게에 있어서는 기본 중에 기본이기 때문이다. 상품이 어디 있는지 찾지 못하는 것 때문에 찬스 로스가 얼마든지 발생할 수 있기 때문이다.

'어디에 무엇이 있는가를 알기 이전에 애초부터 빅카메라가 어디에 있는지를 알고 있는가? 이케부쿠로에는 다섯 개의 점포가 있는데 각 점포에서 어떤 물건들이 팔리고 있는가 정말로 알고 있는 것일까? 포인트 카드를 보여달라고 하면 고객은 카드를 두세 장 꺼내들고, 어떤 거였더라? 하며 혼돈하는 것이 현실 아닌가?'라고 아라이 씨는 지적한다.

① 어디에 점포가 있는가?
② 각 점포의 차이는 무엇인가?
③ 여기까지 오기는 왔는데 어디로 나가야 하는가?

이런 것들을 고객이 확실하게 이해할 수 있도록 해야만 한다. 특히 자신이 원하는 상품이 어디에 있는지를 한눈에 알아볼 수 있도록 표지판을 매장 곳곳에 붙여놓아 이해를 돕도록 노력하고 있다.

매장 내를 돌아다니다 보면 금방 알 수가 있는데 정말로 표지판투성이다. 원하는 상품이 몇 층에 있는지 찾아다닐 필요가 없다. 여기저기에 안내판이 붙어 있기 때문이다.

'엘리베이터, 에스컬레이터, 화장실이 어디지?' 라며 찾아다닐 필요도 없다. 왜냐하면 바닥에는 커다란 화살표가 붙어 있으며 천장을 보면 '이쪽'이라는 간판이 매달려 있는 것이 자연스럽게 눈에 들어오도록 되어 있기 때문이다.

다음으로 가운뎃맛이란, 고객을 접하는 것 자체를 말한다. 혹은 판매와 직접적으로 연결되는 매장의 여러 장치를 말한다.

예를 들어서 빅카메라의 경우에는 이벤트와 카메라 촬영기술 등에 대한 세미나를 개최하고 있다.

서비스의 뒷맛이란 애프터서비스를 말한다.

빅카메라는 대형 할인매장에서 흔히 취하기 쉬운, 팔면 그것으로 그만이라는 자세를 취하는 가게가 아니다. '그렇게 싸게 파니 애프터서비스는 적당히 하고 있겠지'라고 생각한다면 그것은 큰 오산이다.

'고객이 원하는 상품을 사용하여 만족감을 얻을 때까지 우리들에게는 책임이 있다'는 말처럼, 텔레비전의 리모컨이 고장나면 새 텔레비전이 들어 있는 상자를 뜯어 그 안에 있는 리모컨으로 교체를 해줄 정도다.

이렇게 일상적으로 발신되는 메시지가 가게에 대한 평가 점수를 높이고 있는 것이다.

4

사람을 움직이고 활용하는
표현의 마술

사람은 한마디 말 때문에 죽기도 하고, 되살아나기도 한다.
바로 그렇기 때문에 한마디 말도 진지하고 겸허하게 대하려고 한다.
_나카지마 다카시

40
첫 만남에서 자신을 얼마나 표현할 수 있는가?

표현 중에서도 가장 중요한 것은 매니지먼트에 관한 표현일 것이다. 한마디로 말하자면, 사람을 움직이고 사람을 키우고 사람을 활용하는 표현술이다.

일은 전부 인간이 하는 것이지 컴퓨터나 인터넷이 하는 것이 아니다. 물론 로봇이 하는 것도 아니다.

비즈니스나 스포츠에서 '역량 부족으로 졌습니다'라는 변명을 곧잘 듣곤 하는데, 이것을 실력의 차이라는 의미로 받아들여서는 안 된다. '힘을 이끌어내는 방법의 차이 때문에 졌다', 즉 사원이나 부하의 잠재능력을 이끌어내지 못했기 때문에 진 것이다. 한마디로 말하자면 경영자나 상사의 매니지먼트가 서툴렀기 때문에, 약했기 때문에 진 것에 불과하다.

만약 당신이 사원이나 부하를 분발케 하는 표현술을 가지고 있다면 인원을 삭감하지 않고서도, 경비를 한 푼도 들이지 않고서도 최고의 성과를 얻을 수 있을 것이다.

그렇게 멋진 표현술이 과연 존재하는 것일까?

반드시, 틀림없이 있을 것이다.

내 자신의 경험을 잠깐 되돌아보더라도 '참으로 적절한 표현이다'라며 감탄을 하거나, 때로는 감동을 하고, '그래, 열심히 하자. 이 사람을 위해서라도 한번 해보자'라며 분발케 하는 매니지먼트는 얼마든지 있었다.

예를 들어서 법인 세일즈를 하고 있었을 때의 영업부장.

20대 중반이라는 젊은 혈기 때문이었을까? 당시 나는 직장을 옮길 때마다 상사와 대립했고, '자네의 상사노릇만은 하고 싶지 않네'라는 말을 들었다. '이런 회사, 때려치우겠다!'며 씩씩거렸지만 회사로부터는 '이것저것 따질 줄만 알았지 자기 손으로는 단 한 푼도 벌어들인 적이 없다. 그렇게 분하면 무거운 가방을 들고 전국에 있는 회사, 공장을 다니며 세일즈를 하는 법인 영업을 한번 해봐라'라는 대답이 돌아왔다.

'그래? 어디 한번 해보자'라며 나도 오기가 생겼다. 그랬던 만큼 이번 업무에서는 성공을 거두지 않을 수 없었다. 비즈니스맨으로서의 마지막 찬스였다. 즉, 배수에 진을 치고 결심을 했던 것이다.

이런 나의 결심을 더욱 굳게 해주는 일이 바로 인사 이동(異動)이 있던 날에 일어났다.

인사를 하기 위해서 부장실에 들어갔더니 부장은 부하 세 명을 세워놓고 책상을 두드려가며 도깨비처럼 소리를 질러대고 있었다. 그 목소리가 얼마나 컸던지 창문이 다 흔들릴 지경이었다.

언제 인사를 하면 좋겠냐고 비서에게 물었더니 '지금 같아서는 알 수가 없습니다. 그대로 잠시만 기다려주십시오'라고 대답을 하여, 야단을 맞고 있는 세 명 옆에 서서 그대로 기다리게 되었다. 눈을 부릅뜨고 벌겋게 상기된 얼굴로 10분 정도 소리를 지르고 있었을까? 그 동안에 나까지도 야단을 맞고 있는 듯한 기분이 들었다.

그리고 마지막, 그는 이런 말로 끝을 맺었다.

"이상이 나의 어드바이스다. 나머지는 스스로 알아서 생각하도록."

김이 팍 새버렸다. 소리를 지르는 것이 어드바이스란 말인가? 조금 전까지 여기가 잘못 됐다, 저기가 잘못 됐다, 고쳐라, 좀더 생각한 다음에 일을 하라며 소리를 지르고 있지 않았는가?

하지만 '어드바이스라……. 이 사람 참 좋은 말을 하는군'하며 감탄했다.

그때까지 나는 나처럼 이래저래 이론적으로 따지기만 하는 상사들밖에 보아오질 못했다. 그런 만큼 밑바닥에서부터 올라온 이 하사관 같은 부장을 나는 한편으로는 좋아하지 않을 수 없게 되었다.

이후로 단 한 번도 야단맞는 일 없이 칭찬만을 받으며 이 부문에서 일을 하게 되는데, 이 역시도 영업부문의 최고 책임자답다고밖에는 달리 표현할 길이 없다. 칭찬을 하며 성장시켜야 제대로 크는 스타일이라는 사실을 꿰뚫어보고 있었던 것이다.

만약 당신이 부하나 후배를 맡는 입장이 되었다면 무엇보다도 중요한 것은 첫 만남이다. 이 영업 부장처럼 첫 만남에서 얼마만큼 자신이라는 인간을 표현할 수 있을 것인지. 오리는 알에서 깨어나면 가장 처음으로 움직이는 것을 보고 그것을 어미라고 생각한다고 하는데(각인), 상사와 부하의 관계에서는 첫 만남에서 받은 인상이 부하의 일에 임하는 자세를 결정짓게 한다고 해도 과언은 아닐 것이다.

One point | 성공하는 사람의 표현술은 이것이 다르다!

만약 당신이 부하나 후배를 맡는 입장이 되었다면 무엇보다도 중요한 것은 첫 만남이다. 이 영업 부장처럼 첫 만남에서 얼마만큼 자신이라는 인간을 표현할 수 있을 것인지. 오리는 알에서 깨어나면 가장 처음으로 움직이는 것을 보고 그것을 어미라고 생각한다고 하는데(각인!), 상사와 부하의 관계에서는 첫 만남에서 받은 인상이 부하의 일에 임하는 자세를 결정짓게 한다고 해도 과언은 아닐 것이다.

41
이론만으로 사람은 따라오지 않는다!

이후로 여러 스타일의 상사와 만나게 되는데 이론만 따지는 사람은 단 한 명도 없었다. 이론보다는 증거다. 영업이라는 일은 숫자가 무엇보다도 중요하기 때문이다.

논리적으로 따지고 들어도 상관은 없지만 실적이 따르지 않으면 누구도 믿어주지 않는다. 이론과 실적, 이른바 유언실행(有言實行)형 인간이 높이 평가되는 매우 단순한 세계인 것이다.

나는 사실, 취업을 할 때만 해도 영업, 세일즈, 장사만은 죽어도 하기 싫었다. 덮어놓고 싫어했던 것인데 학교에 다닐 때도 비즈니스 냄새가 나는 상법, 민법, 회계, 마케팅, 경제학(필수과목이었던 이론경제학만은 어쩔 수 없이 이수를 했다) 등의 과목은 절대로 듣지 않았을 정도로 철저하게 자신의 주의를 지켜나갔다.

그런데 영업이라는 일을 시작한 지 한 달도 지나지 않아서 '이건 천직이다'라는 사실을 깨닫게 되었다. 궁합이 잘 맞았던 것이라고 생각한다. 왜냐하면 제아무리 일을 해도 피곤하질 않았다. 문전박대를 당해도 주눅들지 않았다. 창의적으로 생각하는 것이 즐거웠다. 주위와 경쟁을 하는 것이 아주 마음에 들었다.

그리고 모두가 고생을 하면서 일을 하고 있다는 일체감이 말할 수 없는 쾌감을 가져다 주었다.

덕분에 매일 일이 끝난 뒤에도 단골로 다니던 포장마차가 문을 닫을 때까지 2차, 3차를 다니면서 동료, 후배, 때로는 상사와 성과에 대한 자랑, 뒷얘기 등의 이야기를 나누었다. 이렇게 인간적인 팀에 소속되었다는 것에서 오는 안도감은, 지금 생각해보면 '마즐로의 욕구 5단계설' 중 세 번째 단계(소속의 욕구)에서 오는 것에 지나지 않았다는 사실을 알 수 있지만, 당시에는 그 덕분에 의욕에 넘쳐서 일을 할 수 있었다.

특히 직속 상사였던 과장님은 매우 따뜻한 사람이었다. 이 사람과는 상사와 부하의 관계를 떠나서 개인적으로도 가장 술을 많이 마셨던 사이였을 것이다.

그런데 이 사람의 인간성에 끌리게 된 것은 한 사건이 계기가 되어서였다.

법인 세일즈는 어렵다. 대부분이 거절을 당하게 된다. 도카이(東海) 지역을 대표하는 철도회사로 세일즈를 하러 갔는데 갑자기 방문을 거절당했다. 전화로 약속을 잡는 단계에서 거절을 당해 버렸다.

도대체 왜?

나중에 알게 된 일이지만 전임자가 철도회사 담당자와 '이번

이 마지막'이라는 조건으로 상품(서적)의 사내 알선을 따냈던 것이었다. 철도회사 입장에서 보자면 약속은 약속. 이제 막 영업부로 자리를 옮겨온 내게는 아무런 볼일도 없었던 것이다. 참으로 난감했다. 하지만 이 알선이라는 일은 노무부(勞務部)가 창구 역할을 하고 있었기 때문에 이곳을 거치지 않고서는 일을 할 수가 없었다.

이런 일로는 물러서지 않았던 내가 생각한 방법은, 홍보부를 창구로 삼자는 것이었다. 홍보지에 실어 알선을 하도록 하자. 그리고 홍보부를 통해서 철도 각 터미널 역사에 알선을 해달라고 하자. 결국 그대로 이야기가 진행되었고 실시하게 되었다.

'대체 어떻게 된 일인가?'

이 철도회사가 내게 크레임을 걸어왔다. 본사의 의향은 물어보지도 않고 현장에서 판매를 해서는 안 된다는 것이었다.

"홍보부를 통해서 한 일인데요."

"이 일은 노무부 관할이다. 누가 허가를 내줬는가? 전임자와의 약속대로라면 더 이상 알선을 하지 않아도 된다."

나도 맞서 싸울 태세였다. 20대 중반, 혈기가 넘치는 때였기 때문에 상대가 누구든 절대로 지지 않았다.

그것을 보고 있던 과장님이 내 손에서 전화기를 빼앗아 들더니 이렇게 말했다.

"지금 바로 찾아뵙겠습니다."

42

나 대신 야단을 맞아주었다!

모든 약속을 취소하고 과장님과 나는 신칸센에 뛰어올라 도카이 지구에 본사가 있는 그 철도회사로 향했다.

거기서 기다리고 있던 사람은 노무부의 주임급 인물이었다.
내가 과장님을 동행하고 왔기에 서둘러서 과장직에 해당하는 사람이 다시 나왔다. 이렇게 하는 것이 대기업의 전형적인 대응 방법이다.

상대 이러시면 저희가 곤란해집니다.
과장 정말 죄송합니다.
상대 전임자였던 ○○ 씨와 확실하게 약속을 했는데요.
과장 죄송합니다. 이번 일은 제 지시로 한 일로, 저희 부서에 들어온 지 얼마 되지 않는 이 사람은 아무것도 모릅니다.

일이 이렇게 되어갈 줄이야. 내 머릿속에 이런 시나리오는 존재하지 않았다. 신칸센 안에서는 서로 아무런 말도 하지 않았기 때문에 사전협의 같은 것은 없었다. 잘못했다가는 '이 회사는 상사도 적당히 일을 하는군'이라는 인상을 줄지도 모를 위험을 무릅쓰고 나를 감싸주었던 것이다.

상대 이미 문서를 하달했으니 이번에는 어쩔 수 없는 일입니다. 하지만 앞으로는 안 됩니다.
과장 그럼 어떻게 하면 되겠습니까?
상대 일손도 부족하고 하니 알선사업은 이제 그만두고 싶습니다.
과장 노무부장님, 그건 교육센터장님의 판단이십니까?
상대 아니, 그렇게 위에서 결정한 일은 아닙니다.
과장 그럼 위에서 허락하신다면 알선해주시겠습니까?
상대 그야 우리들은 상부의 명령에 따라야 하니까요.
과장 아, 다행입니다.

과장님은 그냥 물러설 생각이 없었던 것이다. 이 절충에서 그는 '상부의 판단에 따른다'는 말을 듣고 싶었던 것이었다.

6개월 후에 나는 톱 영업사원이 되는데, 솔직히 말해서 영업부로 옮긴 지 얼마 되지 않았던 이때에는 하라고 해도 이런 절충은 할 수 없었을 것이다. 이때 과장님의 모습이 얼마나 크게 보였던지. 그리고 돌아오는 신칸센 안에서는 이런 말까지 했다.
"그 회사의 교육 책임자는 상무다. 약속이 잡히면 자네에게 보고할 테니 함께 따라와 주길 바라네."
일반적으로 부하에게 약속을 잡게 하고, 보고를 하게 하고, 그리고 상사에게 동행해줄 것을 요청한다. 그런데 이 과장님은 완전히 반대로 하는 것이었다.

One point | 성공하는 사람의 표현술은 이것이 다르다! |

"그 회사의 교육 책임자는 상무다. 약속이 잡히면 자네에게 보고할 테니 함께 따라와 주길 바라네."
일반적으로 부하에게 약속을 잡게 하고, 보고를 하게 하고, 그리고 상사에게 동행해줄 것을 요청한다. 그런데 이 과장님은 완전히 반대로 하는 것이었다.

43
윗자리에 선 사람이 사용해야 할 표현!

그 일이 있고 2주일 뒤, 드디어 약속을 잡아 다시 본사로 찾아가니 상무는 기꺼이 알선사업을 계속해주겠다고 약속했다.

덕분에 전에 크레임을 걸어왔던 주임과 다시 만나게 되었고 이번에는 정식 루트를 통해서 제대로 일을 할 수 있게 되었다.
이 일련의 일을 통해서 보여준 과장님의 행동은 참으로 훌륭했다고 말할 수 있겠다. 정리를 해보면 다음과 같다.

① 내 편이 되어 발빠른 행동
어려운 문제를 처리하는 일이었기에 아직 햇병아리에 불과한 나에게는 일을 맡길 수가 없었다. 이번만은 행동으로 보여줘야겠다고 생각하고 내편이 되어 주었다.

② 직설적인 절충
'그럼 어떻게 하면 되겠습니까?'
상대에 부합하지 않고 직설적으로 타개책을 물었다.

③ 그냥은 돌아가지 않는다―결정타를 준비
'위에서 허락하신다면 알선해주시겠습니까?'
그냥은 돌아가지 않는다. 반드시 무엇인가를 가지고 돌아간다. 바로 이것이 영업사원이다.

④ 부하와 대등한 눈높이
보고, 연락, 상담에 대해서도 앞서 말한 대로다. 자리의 권위에 연연해 하지 않는다. 이 사람은 부하가 바빠 보일 때는 복사도 직접 했을 정도였다.

⑤ '모든 책임은 내게 있다'라는 표현
'죄송합니다. 이번 일은 제 지시로 한 일로, 저희 부서에 들어온 지 얼마 되지 않는 이 사람은 아무것도 모릅니다'라는 표현. 바로 이것이 과장님을 신뢰하게 된 가장 큰 요인이었다고 생각한다. '이 사람은 사심이 없다', 조금 과장된 표현일지는 모르겠지만 '마음놓고 목숨을 맡길 수 있다', '끝까지 보살펴 줄 것이다'라는 느낌을 받았던 것이다.
'성공하면 상사의 공로, 실패하면 부하의 과욕에 의한 실수'가 되어버린다면 부하는 의심하는 마음이 들어 최선을 다해서 일에 임하려 들지 않을 것이다.

그때까지 아무렇지도 않게 책임을 전가하는 상사들 때문에 얼마간 인간에 대한 불신을 품고 있었는데, 이 사람과의 만남은 나의 의욕을 고무시키기에 충분했다.

이후, 다른 직장으로 옮기면서, 혹은 컨설턴팅해주는 회사를 보면서 느낀 점은 역시 경영자나 상사에 따라서 조직은 얼마든지 변할 수 있으며 강해질 수도 있다는 사실이었다. 물론 그 반대의 경우도 있다.

모든 책임은 경영자와 상사에게 있으며 부하에게는 아무런 책임도 없다.

예를 들어서 내가 고문으로 있는 회사에 골칫거리 부하가 있었다. 일은 잘하지만 주위 사람들, 특히 상사들과 원만하게 지내질 못했다. 좀 이상하다고 생각하고 있던 나는 회의에 참석해서 그 모습을 보고서야 그 이유를 알게 되었다.

상사가 좋지 않았던 것이다. 이 회사의 간부들은 모두 파견을 나온 사람들이었다. 그런 만큼 새로운 일에 도전을 하지 않는다. 부하가 해보고 싶다고 해도 그것을 막아버리는 것이었다. 이래서야 골칫거리가 될 수밖에 없다. 일을 잘하는 사람일수록 더욱 빨리 골칫거리가 되어버릴 것이다.

그래서 어떻게 했을까?

간단한 이야기다. 상사를 바꿔버렸다. 파견을 나온 사람들은 전부 돌려보내고 그 분야의 전문가, 그것도 가장 의욕에 넘쳐 있는 사람을 부문장의 자리에 앉혔다. 그러자 골칫거리였던 사원에 대한 평가가 완전히 뒤바뀌게 되었다.

"그는 여러 가지 제안을 해온다."

"의욕에 넘친다."

그런데 그때까지 그 사원의 상사였던 사람은 회의에서 어떤 질문을 받든 자신의 의견은 한마디도 말하지 않았다. 윗사람들의 안색을 살피며 거기에 동조할 뿐이었다. 신임 부문장은 호통을 쳤다.

"찬성을 해도 좋고 반대를 해도 좋다. 어쨌든 자신의 의견을 말해라. 그렇게 하지 않을 거면 여기서 나가라. 옵서버나 평론가에 불과한 사람은 필요 없다."

참으로 옳은 말이다.

하지만 그 상사도 지금까지 책임자들에게 동조하기만 해왔기 때문에 이제 와서 자신의 의견을 말하라고 해도 그렇게 간단하게 변할 수는 없는 것이다.

One point | 성공하는 사람의 표현술은 이것이 다르다!

능력 있는 상사의 모범
① 부하 편이 되어 발빠른 행동을 보여라
② 직설적인 절충을 하라
③ 그냥은 돌아가지 않는다—결정타를 준비하라
④ 부하와 대등한 눈높이를 가져라
⑤ '모든 책임은 내게 있다'라는 표현을 하라

44

실력 이상의 힘을 이끌어내는 표현술

사원에게 있어서 경영자의 한마디는 '예언'과도 같은 것이다. 물론 부하에게 있어서는 상사의 한마디도 마찬가지다.

예를 들어서 이 한마디에 의지해서 일을 한다. 이 한마디를 어둠 속의 광명으로 여기고 매진한다. 이 한마디를 믿고 도전한다.

부하에게 있어서 상사의 한마디, 한마디는 매우 무게 있게 느껴지는 법이다.

왜냐하면 부하에게 있어서 상사는 자신의 일에 대해서 가장 처음으로 좋은지 나쁜지를 평가해주는 사람이기 때문이다. 격려를 받고 싶고, 응원해주기를 바란다. 궁지에 몰렸을 때는 도망을 가기 위한 적절한 충고를 해주었으면 하고 바란다.

매너리즘에 빠져 있거나 자만심에 빠졌을 때는 따끔하게 일침을 가하는 표현을, 괴로울 때는 강장제와도 같이 단번에 힘이 솟

아나는 표현을 해주길 바라는 것이다.

앞서도 말했지만 상사는 언제나 동반자이자 반주자다. 주역은 어디까지나 나 자신이지만, 상사는 부하가 빛날 수 있도록, 중간에 에너지가 끊기지 않도록, 인간으로서, 비즈니스맨으로서 잘못을 저지르지 않도록 안내하는 역할을 하는 것이다.

'직장, 팀, 조직은 하나의 배다'라고 나는 생각한다. 한배에 타고 있는 이상 운명을 함께 해야 하니 모두가 하나가 되어 노를 저어야만 한다. 그 중에 한 명이 어느 방향으로 갈 것인지 키를 잡고 노를 젓는 사람들의 힘이 분산되지 않고 한곳에 집중될 수 있도록 구령을 붙이는 역할을 맡아야만 한다. 바로 그것이 상사이자 리더인 것이다.

상사는 배를 젓는 사람들에게, 타인들에게 도움이 되고 있으며 좋은 평가를 얻고 있다는 사실을 알려주어 강력한 의욕을 품게 해주어야 한다. 한마디로 말하자면 상사는 '에너자이저'가 되어야 한다. 에너자이저란 사람들의 힘을 북돋워주는 사람을 말한다.

반대로 상사는 '에너베터'가 되어서는 안 된다. 이는 사람들의 의욕을 없애버리는 사람을 말한다. '의욕을 꺾는 일에 관한 한 저 사람은 천하 제일이야'라는 말을 듣는 상사가 되어서는 안 된다.

상사는 주위 사람들의 의욕을 이끌어내고 보통은 할 수 없는 일이라 할지라도 할 수 있도록 만드는 표현을 써야 한다는 사실을 염두에 두어야 한다. 사람들 위에 서 있는 사람은 우선 이 사실을 인식해야만 한다.

4장 | 사람을 움직이고 활용하는 '표현의 마술!'

45
당신은 여섯 가지 얼굴을 표현할 수 있는가?

하나의 조직이나 팀의 분위기를 판단할 때, 멤버 전원의 성격을 일일이 살필 필요는 없다.

그럼 어떻게 하면 되는가? 그 조직, 팀의 리더 한 사람만을 살펴보면 되는 것이다.

이 인물이 긍정적인 사람이라면 조직도 긍정적일 것이며, 반대로 부정적인 사람이라면 도장을 찍어놓은 것과 같이 조직도 부정적일 것이다.

한 경영자가 예전에 근무하고 있던 회사에 갑자기 들른 적이 있었다. 이때 그가 했던 첫마디를 잊을 수가 없다.

"여기, 정말 출판사 맞아? 왜 이렇게 활기가 없어?"

"출판사는 항구의 어시장이 아니거든요."

이렇게 대답하기는 했지만 그의 눈은 참으로 날카로웠다. 사실은 식은땀이 흐르고 있었다.

그 부문을 관장하고 있는 부문장을 보면 단번에 알 수 있다. 묵묵히 일만 하는 스타일로 부하에게는 농담, 잡담 한마디 허락하지 않는다. 당연히 일하는 중에는 웃음소리 하나 들리지 않는다. 거기서 들려오는 것이라고는 전화를 받는 소리뿐. '정말 여기에 몇 십 명이 있는 거야?'라며 누구나 희한하게 생각할 공간이다. 마치 숨을 죽이고 있는 듯한 모습입니다.

나는 이런 분위기를 아주 싫어한다. 하루도 견디질 못한다.

역시 조직은 한 사람의 리더에 의해서 그 성격이 결정된다.

반대로 활달한 리더 밑에 있는 조직은 팀 분위기도 밝고 활기차다. 영업부는 이런 분위기가 아니면 즐기질 못할 것이다.

사람들 위에 서게 되면, 자신의 하나밖에 없는 얼굴로 일을 하기보다는 다각적·복합적인 얼굴을 가지고 일을 해야만 한다고 생각한다.

예를 들어서 다음에서 제시하는 여섯 가지 얼굴을 가져보는 것은 어떨지.

46

'윗자리에 선 사람'이 갖춰야 할
여섯 가지 얼굴

① 학자

매니지먼트, 마케팅, 파이낸셜, 혹은 테크놀로지 등 '이 분야에 있어서는 전문가'라고 불릴 수 있을 정도의 전문지식을 가지고 있을 것. 또한 즉흥적인 판단이나 평가가 아닌 과학적 분석, 논리적 접근법으로 입증하는 습관을 들일 것.

② 배우

'지금, 야단을 쳐야 한다', '지금은 칭찬을 할 때다'라는 식으로 부하를 보면서 필요에 따라서 연기를 할 수 있을 것. 어떻게 해야 의욕을 품게 할 수 있을까? 그것을 위한 연기다. 몇 번이고 지도를 하게 되면 부하는 '뻔한 얘기 자꾸 하지 마', '귀에 못이 박히겠다'라며 불평을 하게 되지만 열 번 이야기해도 못 알아듣는다면 열한 번 이야기하는 수밖에 없다. 단, 표현을 바꿔야 한다. 내용을 바꿔야 한다. 시나리오를 바꿔야 한다. 이것이 중요한 포인트다.

③ 의사

팀 성적이 부진할 때, 어디에 원인이 있는지 누구보다도 빨리 깨달아야 한다. 그리고 처방전을 작성하고 대책을 마련할 수 있어야 한다. 어려운 문제가 발생했을 때는 응급반을 편성하여 대처해야 한다.

④ 점쟁이

직감력, 예견력을 말한다. '이렇게 하면 이렇게 된다'고 앞일을 내다볼 수 있을 것. 최선, 보통, 최악이라는 삼 단계 시나리오를 작성, 각각의 상황에 언제든지 대처할 수 있도록 준비해두어야 한다.

⑤ 기자

사원, 부하들과 인터뷰하거나 질문하는 능력을 말한다. 커뮤니케이션의 첫걸음이 바로 여기에 있다. '현명한 자는 듣고 어리석은 자는 말한다'라는 이스라엘 왕 솔로몬의 말을 예로 들 필요도 없이 매니지먼트에 능숙한 상사일수록 '잘 듣는 사람'이다.

부하가 상담을 하러 왔을 때는 무엇을 하고 있든 손에서 일을 놓는다. 보고서를 작성하는 중이었다면 펜을 놓는다. 전화를 하던 중이었다면 가까이에 있는 의자에 앉아서 기다리라고 몸짓으로 전한다. 그리고 최선을 다해서 듣는다.

⑥ 엔터테이너

조직, 팀은 제아무리 성적을 다투고 있다 하더라도 숨돌릴 틈을 주지 않으면 결국 생산성이 향상되지 않는다. 즐겁게 일을 할 수 있도록 상사는 엔터테이너로서의 지혜도 짜내야 한다.

부하는 '네 알겠습니다'라고 입으로는 말하지만 사실은 잘 모른다. '왜요?', '어째서요?'라고 솔직하게 말할 수 있는 풍토, 환경을 만든다. 상사는 밝은 분위기를 만들어낼 줄 알아야 한다.

One point | 성공하는 사람의 표현술은 이것이 다르다!

상사가 갖춰야 할 여섯 가지 능력
① 때로는 학자처럼
② 때로는 배우처럼
③ 때로는 의사처럼
④ 때로는 점쟁이처럼
⑤ 때로는 기자처럼
⑥ 때로는 엔터테이너가 되라

47

모르는 것은 '모르겠다'고 대답하라

일에서 문제가 일어나는 것은 대체로 상사와 부하 사이에 의식의 차이가 있을 때 일어나는 경우가 많다.

예를 들어서 상사는 가르쳐주었고 부하는 배우고 기억하고 있다고 생각했다. 그런데 중요한 순간에 부하는 결국 아무것도 하지 못한다. 즉, 상사도 가르쳐주지 않았던 것이다.

이 '~라고 생각한다' 만큼 무서운 것도 없다.

일은 아주 조금씩 진전되는 법이다. 전달했다고 생각했는데 전달되지 않았고, 가르쳤다고 생각했는데 제대로 알지 못한다. 이렇게 되면 일에는 진전이 없다.

부하를 지도할 때 가장 주의해야 할 점은 지금 하고 있는 지도가 부하에게 확실하게 전달되고 있는가를 확인하는 것이다. 따라서 아직 경험이 부족한 부하에게는 지시 내용을 복창하도록 해도 좋을 것이다.

　상사들이 착각하기 쉬운 것은 소리를 지르고 야단을 치면 다음부터 잘할 것이라는 생각이다. 그러다가 기대에 못 미치게 되면 '그렇게 말했는데도 또 이 모양이야?'라며 한탄을 하게 되는데, 사실은 제아무리 말을 해도 정확하게 전달되지 않는다면 몇 번이고 실패를 거듭하게 되는 것이다.

　박력 있게 밀어붙인다고 해서 실수가 없어지는 것은 아니다.

　한 유명한 경영자는 젊었을 때 부하가 제대로 일을 하고 있는지를 확인하기 위해서 때때로 '자네, 이번 신상품 말인데, 겉 포장지에 상표등록신청중이라는 말 넣었나?'라는 식으로 물었다고 한다.

　'어? 어떻게 했더라. 넣은 것 같기도 하고, 안 넣은 것 같기도 하고……'

　어차피 확률은 50%라고 생각하고 적당히 '네, 넣었습니다'라고 대답할 것이다.

　"알겠네. 고마워. 그래, 넣었군. 그래도 혹시 착각하고 있는 거라면 바로 연락을 해주게."

　상사가 사라지자마자 부하는 바로 포장지를 가져다 확인해본다. '넣었다. 넣었어. 휴, 다행이다'라며 가슴을 쓸어내린다. 적당히 대답을 해놓고 보니 넣지 않았다면 나중에 '죄송합니다. 그거 잘못 말씀드렸습니다. 정확히는……'라고 정정하게 된다.

　사실을 말하자면 이 상사는 처음부터 답을 알고 물었던 것이다. 부하를 시험하다니, 성격이 아주 고약한 사람이라고 생각할지도 모르겠지만 '우리 사장님은 언제 어떤 질문을 할지 모르니 주의해야 한다'며 이 '사건' 이후, 질문을 할 만한 포인트에 대해서 미리미리 확실하게 확인을 하게 되었다고 한다.

상사는 부하가 알고 있는지를 보는 것이 아니라 '모르는 것을 모른다'고 정직하게 대답하는가를 지켜보는 것이다.

몰라도 상관은 없다. 하지만 거짓말은 안 된다. 결정적인 순간에 잘못된 판단을 하게 만들기 때문이다. 물론 잘못된 대답을 했을 때, 이에 대응하는 모습도 지켜보고 있다.

One point | 성공하는 사람의 표현술은 이것이 다르다! |

> 부하를 지도할 때 가장 주의해야 할 점은 지금 하고 있는 지도가 부하에게 확실하게 전달되고 있는가를 확인하는 것이다. 따라서 아직 경험이 부족한 부하에게는 지시 내용을 복창하도록 해도 좋을 것이다.

48

듣기 싫은 보고일수록
웃는 얼굴로 듣자

한편, 보고에도 요령이 있다. 여기에는 일정한 패턴이 있기 때문에 이를 부하에게도 철저하게 일러두는 것이 좋다.

① **결론부터 먼저 말한다**

전쟁을 예로 든다면, 가장 알고 싶은 것은 '이겼는가', '졌는가', 과연 어느 쪽인가 하는 것이다.

결론은 말하지 않고 길고 긴 설명을 들어야 하는 입장이 되어보면 알 것이다. 초조함을 넘어서 위에 구멍이 뚫리게 될 것이다. 성공을 했는지, 실패를 했는지 우선은 결론부터 말한다. 자세한 설명은 상사가 듣고 싶어할 때 하면 되는 것이다.

② **설명은 세 가지 포인트로 요약해둔다**

'왜 실패했나?'라는 질문을 받고 이래저래 변명을 해봐야 소용없는 일이다. 이유를 찾아보면 대체로 여러 가지가 있는 법이다. 중요한 것은 '그래, 그것 때문이군'이라며 상사가 이미지를 떠올릴 수 있는가 하는 점에 있다.

그렇게 하기 위해서는 포인트를 중요한 순서에 따라서 세 가지 정도의 표현으로 요약해야 한다. 지금은 미국의 명 대통령으로 높은 평가를 얻고 있는 로널드 레이건 대통령도 부하에게 '3 포인트 설명'을 철저하게 지키도록 했다고 한다.

③ 보고서에는 포인트만을 요약한다

그 외의 것은 상사가 물어보았을 때 구두로 대답하면 된다. 어쨌든 보고는 상사의 시간을 빼앗는 것이라는 사실을 알아두기 바란다. 시간을 절약하기 위해서라도 읽어야 할 분량은 가능한 한 줄이도록 할 것.

④ 어느 정도 시간을 낼 수 있는지 확인한다

한도 끝도 없이 보고를 하는 부하가 있다. 변명 같은 것은 특별히 많이 하지 않았다고 생각하더라도 의외로 이래저래 시간을 잡아먹게 된다. 보고하기 전에 '어느 정도 시간을 낼 수 있는가?'를 물어서 '3분 정도는 괜찮다'고 대답을 하면 멋들어지게 3분 안에 보고를 마치면 되는 것이다. 그렇게 하면 '저 사람은 머릿속이 정리되어 있다. 그렇다면 거래처로부터도 신뢰를 얻고 있을 것이다'라고 상사도 안심을 하게 된다. 반대로 얘기를 질질 끈다면, 상사가 '거래처에서도 이렇게 끝도 없이 이야기를 하고 있는 걸까? 그래서 성과를 못 올리는 거로군' 하고 생각하게 된다 해도 어쩔 수 없는 일이다.

⑤ 무슨 일이 있어도 중간보고를 한다

보고 중에서 중요하지만 잊기 쉬운 것이 중간보고다. 결론이 난 경우라면 바로 보고를 하면 되지만, 도중 경과에 대해서는 어떤 순간에 보고하면 좋을지를 쉽게 결정하지 못하는 사람들이 적지 않다.

기본은, 변화가 있으면 바로 보고를 하는 버릇을 들여두어야 한다. 변화가 없으면 진전이 없다는 사실을 보고하도록 한다.

'그의 보고는 알기 쉽다'는 말을 듣는다면 그 사람은 이미 훌륭한 사회인이다.

그런데 보고에는 언제나 좋은 보고만이 있는 것이 아니다. '이건 좀 말하기 어렵다'고 생각되는 좋지 않은 보고도 적지 않다. 특히 비즈니스에 있어서는 나쁜 보고가 더 많을 것이다. 하지만 확실하게 말해서 정말로 중요한 보고는 바로 이 듣기 싫은 보고, 즉 좋지 않은 뉴스다. '수주에 성공했습니다', '원만하게 잘 처리했습니다'와 같은 보고는 나중에 듣는다 해도 아무런 지장이 없다.

하지만 고객으로부터의 크레임(사실은 컴프레인이라고 말하지만)이나, '거래처가 도산했다', '대금을 회수하지 못했다'라는 등의 문제에 대한 보고야말로 가장 발빠르게 대처하지 않으면 치명상을 입게 될지도 모를 중요한 문제인 것이다. 부하는 '그래도 상사의 날벼락에는 견딜 수가 없어요', '그래서 마지막까지 최선을 다합니다'라고 말을 한다. 하지만 그대로 내버려두면 결국 엉망이 되어버리고, 드디어 표면화되었을 때는 더 이상 대처할 방법이 없어지게 된다. 이렇게 되면 손을 들 수밖에 없어진다.

바로 이럴 때 '좀더 빨리 말을 했더라면 손을 쓸 수 있었을 텐데'라는 상황이 벌어지게 된다.

부하의 심리에서 생각해본다면 상사가 기뻐할 만한 보고는 빨리 하고 싶고, 나쁜 보고는 나중에 하고 싶어한다. 이것이 현실이다. 부하에게 나쁜 마음은 없다. 무의식적으로 '위험(야단을 맞는 일)'을 피하려고 하는 것뿐이다.

이러한 사태를 막는 방법은 오직 하나. 듣고 싶지 않은 보고, 나쁜 뉴스를 언제나 웃는 얼굴로 대하는 습관을 들이는 것이다.

'웰컴 트러블'

힘들겠지만 이것밖에는 없다.

One point | 성공하는 사람의 표현술은 이것이 다르다! |

부하들이 상사에게 업무 보고를 할 때 기억해야 할 포인트
① 결론부터 먼저 말한다
② 설명은 세 가지 포인트로 요약해둔다
③ 보고서에는 포인트만을 요약한다
④ 어느 정도 시간을 낼 수 있는지 확인한다
⑤ 무슨 일이 있어도 중간보고를 한다

49

칭찬, 야단의 표현은
효과적으로 사용한다

부하는 회사가 내게 맡긴 사람이다. 동시에 사회가 내게 맡긴 사람이기도 하다. 이것은 차차 알게 되는 일이라고 생각한다.

예를 들어서 부하가 실수를 저지르면 회사에 손해를 입히게 된다. 그리고 그와 동시에 부하의 오점이 되기도 한다.

"왜 확실하게 지도해주지 않았는가?"

이런 의미에서 야단을 치지 않는, 그저 사람 좋기만 한 상사는 부하에게 있어서 백해무익하다. 때로 상사는 부하의 인생을 좌우하는 키맨이 되기도 하며, 자칫 잘못하다가는 부하를 죽여버리는 처형인이 될지도 모르는 법이다.

'맡겨진 사람'이란 이런 의미에서 한 얘기다.

옮겨간 부서에서 창피를 당하지 않도록 하기 위해서라도 일의 기본을 확실하게 가르쳐준다. 종신고용제가 붕괴된 지금, 평생을 한 회사에서 일하게 되는 경우는 매우 드물 것이다. 전직, 독립을 하게 되는 경우도 아주 많다. 그럴 경우 어엿한 한 사람으로서의 사회인이 못 된다면 그 자신이 어려움을 겪게 된다.

일의 기본은 어떤 일에서나 공통되는 법이다. 그렇기 때문에 기본인 것이다. 즉, 부하 지도라는 것은 당신의 팀에서도 통할 수 있는 것일 뿐만 아니라, 다른 부문 그리고 옮겨간 회사, 독립 후에도 통할 수 있는 것이어야만 하는 법이다.

이런 의미에서 상사는 야단과 칭찬이라는 표현을 확실하게 하지 못하면 안 되는 것이다.

야단이란 부하가 실수를 되풀이하지 않도록 하기 위해서 하는 일. 따라서 말해야 할 때 말을 하고 야단을 쳐야 할 때 야단을 쳐야 한다. 그렇게 하면 상대도 기분 나빠지지 않는다. 야단을 치거나 칭찬을 하는 것은 모두 시기가 중요하기 때문에 '다음에 기회를 봐서 천천히 야단을 치자'라는 식으로 생각해서는 안 된다. 야단칠 시기를 놓치게 되면 그저 원성만을 사게 될 뿐이다.

"왜 야단을 맞았나?"

물으면 사흘 전에 실수한 것 때문에 오늘 야단맞았다고 한다. 이렇게까지 민감한 상사는 드물겠지만 야단을 치는 시기를 놓치는 사람은 적지 않다. 기록 미스, 계산 미스, 오자와 같은 부주의로 인한 미스도 발견하는 즉시 그 자리에서 지적하자. 그리고 그 자리에서 본인에게 고치도록 하자.

'커다란 선은 무심함과 같고 조그만 선은 커다란 재앙과 같다'는 말처럼 만약 상시기 부하에게 정말로 애정을 가지고 있고 기대를 걸고 있다면 잘못 했을 때는 당연히 야단을 쳐야 한다.

만약 그렇게 하지 않는다면 그것은 부하에게 전혀 관심이 없거나 상사로서의 직무를 유기하는 것에 지나지 않는다.

> **One point** | **성공하는 사람의 표현술은 이것이 다르다!**
>
> '커다란 선은 무심함과 같고 조그만 선은 커다란 재앙과 같다'는 말처럼 만약 상사가 부하에게 정말로 애정을 가지고 있고 기대를 걸고 있다면 잘못 했을 때는 당연히 야단을 쳐야 한다.
> 만약 그렇게 하지 않는다면 그것은 부하에게 전혀 관심이 없거나 상사로서의 직무를 유기하는 것에 지나지 않는다.

50
야단을 쳐야 할 적기

'반드시 야단을 쳐야 할 때'는 다음과 같은 세 가지 경우밖에 없다.

① 부하의 미래에 지장을 줄 때(이대로는 부하에게 도움이 되지 않을 때).
② 팀 전체에 영향을 줄 때.
③ 재해나 커다란 사고로 연결될 위험성이 있다고 판단될 때.

이것뿐이다.
부하를 야단칠 때는 다음의 항목에 따라서 충고를 해주기 바란다.

① 실수가 발생한 직후 적절한 시기를 살핀다.

② 사실에 근거하여 구체적으로 깨우쳐준다.
③ 지난 실수를 되풀이해서 꾸짖지 않는다.
④ 어디까지나 충고다. 부하를 위하는 것이라는 사실을 잊지 않는다.
⑤ 적당히 야단치지 않는다.

매니지먼트를 위한 책에는 대체로 '야단을 칠 때는 감정적으로 하지 않는다'라고 적혀 있는데 사실 그것은 불가능한 일이다. 나는 오히려 감정적으로 모든 에너지를 실어서 야단을 쳐야 한다고 생각한다.

'쓰러지는 줄 알았다'고 생각될 정도로 상대를 크게 야단쳐야 할 때도 있는 법이다.

야단을 친다는 것은 화가 난다는 일에서부터 출발하는 것이다. 갑자기 부하를 녹아웃시켜버리는 것이다. 그런데 냉정하게 야단을 치라니, 이는 있을 수 없는 일이다. 서서히 화를 내기보다는 단번에 분노를 폭발시켜 '이거 조금 가여운걸'이라는 생각이 들 정도로 야단을 치는 것이 좋다. 그렇게 하면 충고의 말도 자연스럽게 나오게 될 것이다.

실수한 부하의 태도를 가만히 지켜보고 어느 정도로 야단을 쳐야 할지를 순간적으로 판단한다.

'신입사원이니 이 정도로 해두자'

'그는 임원이니 이 정도로 혼을 내지 않으면 경영간부로 성장하지 못한다'

부하의 수준에 따라서 혼내는 정도를 달리하는 것이다.

상사라면 누구나 부하들에게 '사람 좋고 말이 잘 통하는 상사'라고 인정받길 바랄 것이다. 하지만 그래서는 부하는 성장하지 못한다. 결국 뒤에 부하로부터 원성을 사게 될지도 모른다.

그런 의미에서 상사란 인과관계에 바탕을 둔 직책인 것이다.

> **One point** | 부하를 야단치려면 이렇게 하라! |
>
> 부하를 야단칠 때는 다음과 같이 충고하라
> ① 실수가 발생한 직후 적절한 시기를 살핀다
> ② 사실에 근거하여 구체적으로 깨우쳐준다
> ③ 지난 실수를 되풀이해서 꾸짖지 않는다
> ④ 어디까지나 충고다. 부하를 위하는 것이라는 사실을 잊지 않는다
> ⑤ 적당히 야단치지 않는다

51

'죽을힘을 다한다'는 사실이 사원들에게 전달되고 있는가?

기업들은 어째서 구조조정을 하게 되는 것일까?

구조조정이란 투자에 비해서 돌아오는 것이 적기 때문에 행하는 수단이다. 수지가 맞는다면 구조조정을 할 필요가 없다. 그런데도 구조조정을 해야 한다니, 매니지먼트가 아주 서툴렀던 것이라고밖에는 달리 생각할 길이 없다.

카를로스 곤 씨를 예로 들 필요도 없이, 일단 기울기 시작한 회사임에도 불구하고 재건을 위해서 독수리처럼 날아든 사장의 힘으로 순식간에 매출을 회복시켜 회사를 부활시킨 경우는 헤아릴 수도 없이 많았으며, 나 자신도 컨설턴트를 하고 있는 입장에서 그런 사례를 헤아릴 수도 없이 직접 목격하였고, 또 그 현장에 있었던 적도 있다.

물론 상품이 변한 것도 아니며, 사원들을 전부 바꾼 것도 아니다. 바뀐 것은 경영자뿐이다. 하지만 그것이 전부이고, 그것이 가장 중요한 것이다.

최고 경영자의 의욕이라는 마인드의 변화, 구체적으로 일을 진행시켜 나가는 스킬의 변화. 이 두 가지의 변화(진화라고도 할 수 있지만)가 두 개의 바퀴처럼 기능을 발휘했기 때문에 지금까지 헛돌기만 하던 매니지먼트라는 기어가 맞물리게 된 것이다.

한마디로, 경영자의 보기 드문 표현술 덕분에 사원과의 커뮤니케이션에 피가 돌기 시작한 것이라고 말할 수 있다.

카를로스 곤 씨가 최고 경영자의 자리에 앉기 직전에, 닛산 자동차에서는 당시 CEO 앞으로 한 사원이 보낸 메일이 도착했다고 한다.

'불황이라고는 하지만 월급도 나가고 있으며, 적기는 하지만 보너스도 지급되고 있다. 이런 상황에서는 죽기살기로 덤비라고 해봐야 소용이 없다'

이래서는 피가 통하고 있다고는 할 수 없을 것이다. 정말로 경영 상태가 어렵다면 그에 합당한 철저한 표현을 하면 되는 것이다. 경영자는 물론 모든 사원, 관련기업에게도 출혈을 요구한다. 그렇게 해야만 진지해진다. 그래야만 기어가 걸리게 되는 것이다.

52

마쓰시타 전기에도 도산의 위험이 있었다!

마쓰시타 전기의 경영사(經營史)에 있어 잊을 수 없는 일 중 하나가 '아타미(熱海) 회담'이라는 것이다. 이것은 창업 이래 맞게 된 최대의 위기를 어떻게 타개할 것인가에 대해서 끝없이 회의한 '대사건'이었다.

1964년, 불황이 닥쳤을 때 전국의 200개가 넘는 판매회사, 대리점 사장들을 아타미로 불러 간담회를 열고 위기에 직면하게 된 경영 실태를 직접 들었다. 마쓰시타 전기에서는 당시의 회의를 '아타미 회담'이라고 표현하고 있다.

간담회라는 것은 이름뿐이었으며, 불평불만을 토로하는 이들 때문에 고노스케(당시 회장) 씨는 마치 바늘방석에 앉아 있는 듯한 기분이었을 것이다.

그렇다면 어째서 이런 회의를 열었던 것일까?

당시 일본은 심각한 불황으로 기업이 난관을 겪거나 도산하게 되는 경우가 많았다. 이른바 올림픽 불황이라는 것이다. 가전제품 업계에서도 일류회사가 커다란 결손을 보고 있었으며 경영악화가 심각한 상태로까지 번져가고 있었다. 실제로 인기를 끌던 텔레비전, 세탁기, 냉장고 등도 어느 정도 보급되었기 때문에 수요가 줄어들어 업계 자체도 활기를 잃고 있었던 것이다. 그래서 그는 위기감을 느끼고 계열 대리점, 판매회사의 경영상황을 파악하기 위해서 회의를 소집한 것이었다.

그런데 실정을 들어보니 상상 이상으로 사정이 좋질 않았다. 출석한 사람들은 모두 입을 모아 적자를 호소했다.

"이 모든 원인은 마쓰시타 전기의 지도가 나빴기 때문이다!"

첫날은 야유와 잡담 속에서 불평불만을 듣는 것으로 막을 내렸다.

보통 회의라고 하면 시작하는 시간과 끝나는 시간이 정해져 있다. 식에 따라서는 스케줄 표, 타임테이블이라는 것도 존재한다. 모든 것을 순서에 따라서 진행하지만 이 회의에 대한 각오는 남달라서 결론이 날 때까지 끝을 내지 않을 생각이었다고 한다.

둘쨋날이 되어서도 불평과 불만의 목소리는 그치지 않았다. 마쓰시타 측에서도 반론을 펼쳤다.

"적자를 기록하게 된 것은 여러분들의 경영이 잘못되었기 때문입니다. 너무 마쓰시타 전기에 의존하려고 들지는 않았습니까?"

이것은 고노스케 씨의 발언이다 언제 끝날지도 모를 논의가 계속 되던 중에 그의 생각은 멀리 창업시대로 옮아가 있었다.

"처음으로 전구를 만들어서 팔던 때가 생각났지. 그래서 그 얘기를 했어."

당시 전구라면 도시바의 마쓰다램프가 최고급품이었다. 그런데 마쓰시타 전기에서는 마쓰다램프와 같은 가격으로 전구를 팔았다.

'이래서는 팔릴 리가 없다'며 얼굴을 찡그리는 도매업자.

"동쪽과 서쪽에 각각 챔피언이 있어야만 씨름도 흥하게 되는 법입니다. 마쓰시타 전기를 서쪽의 챔피언으로 만들어주십시오. 그러기 위해서라도 이 가격에 팔아주십시오."

그 후로부터 전구는 물론 다른 가전제품도 최고급품을 만들어 세상에 내놓을 수 있게 되었다. 이것도 전부 대리점, 판매회사들 덕분이 아니었는가? 당시를 생각하며 이야기를 하는 고노스케 씨의 눈에서 뜻밖에도 눈물이 흘러내렸다. 더 이상 말을 이을 수가 없었으며 손수건으로 눈물을 닦자 회장에 있던 다른 경영자들도 손수건으로 눈물을 닦기 시작했다.

"여러분들이 적자에 허덕이게 된 것은 전부 저희들의 부주의 탓입니다. 앞으로 거래 및 모든 면을 근본적으로 개선하여 여러분들의 경영 안정, 나아가서는 업계의 안정을 위해서 열심히 노력하지 않으면 안 되겠다고 느꼈습니다."

"마쓰시타 씨와는 단순히 금전적으로만 연결되어 있는 것이 아니다. 좀더 깊은 정신적 관계가 있다. 지금까지 원망만을 해왔지만 잘못은 우리들에게도 있다."

마지막으로 일을 매듭짓는 것은 최고 경영자의 모습이다. 자신이 선언한 대로 그의 행동은 매우 신속했다. 전국을 일정 구역으로 나눠서 대리점이나 판매회사가 서로 충돌하지 않도록 교통정리를 했으며, 할부판매제도를 업계에서 선구적으로 실시하는 등 차례 차례로 강경 대책을 마련했다.

선언은 누구든지 할 수 있다. 하지만 그것만으로는 '유능한 표현술'이라고 할 수 없다. 구체적인 대책을 차례차례로 내놓지 못하면 신뢰를 얻지 못하는 법이다.

"지혜의 샘은 제아무리 펌프로 퍼올린다 해도 마르지 않는다."

이것이 고토스케 씨의 지론이다. 자신의 재능을 발휘, 사람을 배신하지 않는 표현, 바로 이것이 '유능한 표현술'인 것이다.

One point
| 성공하는 사람의 표현술은 이것이 다르다! |

선언은 누구든지 할 수 있다. 하지만 그것만으로는 '유능한 표현술'이라고 할 수 없다. 구체적인 대책을 차례차례로 내놓지 못하면 신뢰를 얻지 못하는 법이다.

"지혜의 샘은 제아무리 펌프로 퍼올린다 해도 마르지 않는다."

이것이 고토스케 씨의 지론이다. 자신의 재능을 발휘, 사람을 배신하지 않는 표현, 바로 이것이 '유능한 표현술'인 것이다.

5

끊임없이 운을 불러들이는
프로의 표현술

> 지금의 당신을 형성하고 있는 것.
> 그것은 다름 아닌 마음의 버릇＝표현의 습관이다.
> ＿나카지마 다카시

53

운과 요행은 이미 충분히 주어져 있다!

'운만 좋다면 무슨 일이든 잘 풀릴 것이다!'
'행운이 따라준다면 성공할 수 있을 텐데.'

이렇게 생각하는 사람들이 많다.
틀림없이 운이 좋다면, 행운이 따라준다면 일도 인생도 원만하게 헤쳐나갈 수 있을 것이다. 하지만 운이나 행운은 추구할 수 있는 것이 아니며, 또 추구한다고 해서 얻을 수 있는 것도 아니다. 왜냐하면 그것은 이미 충분하게 주어져 있기 때문이다. 이미 주어져 있는데 더 이상 무엇을 바란단 말인가?
마치 손오공의 근두운처럼 당신과 나는 운이나 행운이라는 구름 위에서 살아가고 있는 것이다. 단, 그것을 보지 못하는 사람, 깨닫지 못하는 사람이 많을 뿐이다.
그렇기 때문에 좀더 운이 좋았으면, 행운이 따랐으면 하고 생각하는 것이다. 하지만 그것은 잘못된 생각이다. 무엇보다도 먼저 운과 행운은 이미 얻었다는 사실을 깨달아야 한다.

두 번째로 운과 행운은, 노력을 하는 것과 마찬가지로 어떤 일을 할 때의 '수단'이지 결코 그것을 '목적'으로 삼아서는 안 된다는 것이다.

대체 이 운과 행운을 어디에 사용하겠다는 것인가? 무엇에 쓰겠다는 것인가?

일상의 업무, 인생과 정면으로 부딪히며 최선을 다하여 진지하게 맞선다. 해야 할 일은 확실하게 해둔다. 그리고 언제나 부정적이 아닌 긍정적인 마음을 유지하도록 하라.

그렇게 하면 자연스럽게 운과 행운이 눈앞에 모습을 드러내게 된다. 그들이 먼저 나를 찾아드는 것이다.

마음을 긍정적으로 유지하기 위해서는 어떻게 하면 되는 것일까?

그것은 쉽게 말하자면, 마음의 매니지먼트에 '능숙한 표현술'을 적용하면 되는 것이다.

One point | 성공하는 사람의 표현술은 이것이 다르다! |

틀림없이 운이 좋다면, 행운이 따라준다면 일도 인생도 원만하게 헤쳐나갈 수 있을 것이다. 하지만 운이나 행운은 추구할 수 있는 것이 아니며, 또 추구한다고 해서 얻을 수 있는 것도 아니다. 왜냐하면 그것은 이미 충분하게 주어져 있기 때문이다. 이미 주어져 있는데 더 이상 무엇을 바란단 말인가?

54

능력 있는 인재는
자기만의 언어를 지니고 있다

"한마디, 사람을 잘 활용한다."

누구에게나 '이 한마디'가 있었기 때문에 노력할 수 있었고, 싸울 수 있었고, 좌절하지 않고 일을 계속 할 수 있었다고 생각하는 말이 있을 것이다.

예를 들어서 나는 다음과 같은 말들이 바로 떠오른다.

① 자신감이란 자신에 대한 신앙을 말한다.
② 해보지도 않고 후회를 할 바에는 해보고 후회를 하겠다.
③ 마음은 컨트롤할 수 없지만, 의식은 매니지먼트할 수 있다.

모두가 자신의 경험, 체험을 통해서 통감하게 된 말들이다.
'능숙한 표현'이란 기분을 부정적으로 만드는 것이 아니라 긍정적으로 만드는 것이어야만 한다. 사람(특히 자신!)에게 힘을 주고, 활기를 불어넣어 주며, 마음에 불을 지피는 것이어야 한다.

예를 들어서 첫번째의 '자신감이란 자신에 대한 신앙을 말한다'라는 말을 보자. 나처럼 자부심이 강한 사람도 몇 번이고 자신감을 잃고 앞길이 보이지 않아서 어두컴컴한 절망 상태에 빠진 적이 있었다.

하는 일마다 전부 헛수고다. 아무리 노력해도 제대로 풀리지 않는다. 그것도 독립한 후였기 때문에 가계마저 걱정된다. 공적으로도 개인적으로도 밑바닥을 치닫는다. 경영자라면 몇 번이고 경험한 적이 있을지도 모르겠지만, 더 이상 털어봐야 먼지도 나오지 않는 상황, 더 이상 잃을 것조차 없는 나락에 빠진 상황이다.

하지만 밑바닥에 떨어져서야 비로소 눈에 들어오는 것도 틀림없이 있는 법이다.

자신감을 잃게 될 때, 그것은 바로 다른 사람의 탓이나 외부적인 요건에 의해서 잃는 것이 아니라 자기 자신이 사라졌다고 생각하는 순간, 보이지 않게 되는 것이라는 사실이다.

타인이 제아무리 '안 된다. 무리다. 불가능하다'고 부정한다 해도, 스스로 사라지지 않는 한 그 불은 영원히 불타오르는 법이다. 따라서 끝까지 스스로 자기 자신을 버려서는 안 된다. 믿고, 또 믿고, 끝까지 믿어야 한다. 이것은 신뢰와 같은 가벼운 것이 아니라 바로 '신앙'인 것이다.

이렇게까지 믿음을 갖게 되면 '이유'는 알 수 없지만 자신감이 넘쳐나게 된다. 나는 이 알 수 없는 '이유'가 인간미에 넘쳐 있는 듯해서 그것을 좋아한다.

55
자신에게 힘이 되는 말을 만들어보라

두번째의 '해보지도 않고 후회를 할 바에는 해보고 후회를 하겠다'는 말은 누구에게서 들은 말인지, 혹은 스스로 생각해낸 말인지조차도 확실히 알 수 없게 되어버렸다. 그저 그 말만은 언제나 기억에 또렷이 남아 있다.

자칫 눈앞의 커다란 과제를 보고 겁을 먹거나 소극적인 자세를 취하게 되기 쉬운 자신을 독려할 때면 이 말을 떠올리곤 한다.
"이대로 손을 들고 있기보다는 도전해보자. 그렇다고 생명에까지 지장이 있는 것은 아니다. 실패한다 하더라도 경험이 하나 늘었다고 생각하면 손해볼 것은 없다."
그 후부터 나는 가능하면 모든 일을 긍정적으로 생각하기로 했다. 그래서 실패를 하거나 쓴맛을 보게 된 경우도 적지 않았지만 그래도 의욕을 잃지는 않았다.

내가 처음으로 강연을 하게 된 것은 28살 때였다. '요시노쿠마노 심포지엄'에 참가했는데 주최자가 느닷없이 나를 지목했다. 이야기의 내용 같은 것은 전혀 준비하지 않은 채 청중들에게 폐가 된다는 것도 생각지 않고 '에라 모르겠다'며 강연을 해치웠다. 하지만 이 경험이 있었기에 지금 기업이나 대학, 비즈니스 스쿨, 혹은 상공회의소 등에서 강연을 할 수 있게 된 것이라고 생각한다.

'처음부터 명문은 없다'는 말도 있지 않은가? 이와 같은 식으로 해서 TV평론가, 작가, 영화 프로듀서, 만담작가, 동화 프로듀서…… 등 직함만이 점점 늘어가고 있는데, 이것도 전부 일을 긍정적으로 생각한 결과로 얻은 것들이다. 주위 사람들이 나의 가능성을 하나하나 펼칠 수 있게 해주니 고마울 뿐이다.

한 번밖에 없는 인생, 완전 연소시킨 뒤 끝을 맺고 싶다.

세번째의 '마음은 컨트롤할 수 없지만, 의식은 매니지먼트 할 수 있다'는 말을 기억하라. 마음에 들지 않는 일, 하기 싫은 일은 누구에게나 몇 가지씩 꼭 있는 법이다. 마음은 솔직한 것이기 때문에 속일 수가 없지만, 만약 그것이 꼭 해야만 하는 일이라면 의식의 매니지먼트를 통해서 완수하도록 하라. 비즈니스맨의 생활의 지혜라고 할 수 있겠다.

좋아하는 마음을 갖지 않아도 상관없으니 창의적으로 생각을 해보고 주위의 협력을 얻어서 도전해본다. 일을 하는 동안 반드시 사태는 변해갈 것이다.

중국의 '역경(易經)'에 '궁하면 변하고, 변하면 통하고, 통하면 영원하다'라는 말이 있다. 시간이 지나면 사태가 변하고, 움직이면 사태가 변하는 것이라면 적극적으로 타개하려고 하는 것이 인간 아니겠는가?

하나 하나의 실패, 문제, 실수를 교훈으로 자신을 지탱해줄 살아 있는 말을 짜낸다. 자기 스스로 자신의 말에 힘을 얻게 되는 그런 말을 하나 꼭 만들어두기 바란다.

One point | 성공하는 사람의 표현술은 이것이 다르다!

'마음은 컨트롤할 수 없지만, 의식은 매니지먼트 할 수 있다'는 말을 기억하라. 마음에 들지 않는 일, 하기 싫은 일은 누구에게나 몇 가지씩 꼭 있는 법이다. 마음은 솔직한 것이기 때문에 속일 수가 없지만, 만약 그것이 꼭 해야만 하는 일이라면 의식의 매니지먼트를 통해서 완수하도록 하라. 비즈니스맨의 생활의 지혜라고 할 수 있겠다.

56
부정적인 입버릇부터 바꿔라!

자기 스스로 자신의 말에 힘을 얻게 된다. 자기 스스로 자신의 말에 반해버린다. 만약 그런 표현을 할 수 있다면 그것은 훌륭한 '표현'이라고 할 수 있을 것이다.

'유능한 표현'은 포지티브, 즉 적극적이고, 긍정적이며, 건설적이고, 미래지향적인 표현이다. 이들 표현을 언제나 염두에 두고 있으면 당신의 의식은 포지티브 광선 효과, 플러스샤워 효과로 가득 차게 될 것이다.

이 보이지 않는 장벽이 결정적인 순간에 효과를 발휘하게 된다는 사실을 믿어주기 바란다.

만약 여기에 '할 수 있다', '반드시 할 수 있다', '틀림없이 할 수 있다'라고 언제나 생각하고 있는 사람과, 이와는 반대로 '힘들다', '절대 불가능하다', '절대로 안 된다'라고 입버릇처럼 말하는 사람이 있다고 하자. 이 두 사람이 완전히 같은 조건에서 같은 일을 동시에 시작한다고 하면 전자인 긍정적인 사람이 승리를 거둘 것이 뻔한 이치다.

그리고 만약 당신이 투자가라고 한다면 과연 어떤 사람에게 소중한 자금을 투자해야겠는가? 생각할 필요도 없이 전자를 택하지 않겠는가?

'자신감이란 자신에 대한 신앙이다'라고 말했다. 자신조차도 자신을 믿지 못하는 사람이 어떻게 남으로 하여금 자신을 믿도록 할 수 있겠는가?

말의 가장 무서운 점은, 상대에게 하는 말이라고 생각하고 있는데 상대가 전혀 듣지 않는다 하더라도 이야기하고 있는 본인만은 확실하게 듣게 된다는 점에 있다. 한마디로 말하자면, 자신의 말은 자신이 가장 잘 듣게 된다는 것이다. 그리고 그것이 자신을 '세뇌'시켜버리기 때문에 더욱 무섭다.

'이건 무리다', '이건 안 된다'라고 혼잣말을 중얼거리는 그 순간, 아직 일을 시작하지도 않았는데 잠재의식은 '안 된다', '무리다', '불가능하다'라는 사실을 당신의 뇌라는 컴퓨터 속에 입력해버린다.

물론 언제나 '할 수 있다', '하면 안 될 것도 없다', '어떻게든 해보자'라고 생각하는 사람은 '어떻게 하면 될 것인가'라고 혼잣말을 중얼거린다. 그 순간 이 한마디는 뇌라는 컴퓨터와 순간적으로 연결되고 당신은 '할 수 있다'는 프로그램에 따라 움직이게 된다.

입버릇이 사람의 사고를 결정짓는 것이다. 혹은 이와는 반대로 사고를 긍정적인 것으로 변환하면 입버릇처럼 하는 말의 내용이 완전히 바뀌게 되는 것이다.

이렇게 생각한다면 불평이나 나약함, 부정적인 표현은 완전히 '생활습관병'이라는 사실을 알 수 있게 될 것이다. 생활습관병은 증상이 늦게 나타나기 때문에 그냥 지나쳐버리기 쉽지만 당신을 확실하게 죽음으로 몰고가는 원인이 된다. 지금 당장 체질을 개선해야 한다.

그러려면 입버릇을 바꾸거나 사고를 바꿔야 한다. 그렇게 하면 당신 뇌 속에 있는 OS(오퍼레이션 시스템)가 완전히 바뀔 것인데, 현명한 당신은 과연 어느 쪽부터 바꿀 생각인지?

One point | **성공하는 사람의 표현술은 이것이 다르다!**

언제나 '할 수 있다', '하면 안 될 것도 없다', '어떻게든 해보자'라고 생각하는 사람은 '어떻게 하면 될 것인가'라고 혼잣말을 중얼거린다. 그 순간 이 한마디는 뇌라는 컴퓨터와 순간적으로 연결되고 당신은 '할 수 있다'는 프로그램에 따라 움직이게 된다.

57
행운의 여신을 불러들이는 웃음

장기의 명인 요네나가 구니오(米長邦雄) 씨는, 행운의 여신을 불러들이는 요령은 '겸허와 웃음'에 있다고 갈파했는데, 이 웃음이라는 것은 바로 긍정적인 생각에 다름 아니다.

어떤 문제나 어려운 일에 직면하게 되더라도 그것이 풀리는 순간, 인간은 자연스럽게 웃음을 터트린다. 웃음은 마음의 여유를 표현하는 메시지다.
"정말 웃음밖에 안 나옵니다."
이것으로 충분한 것이다.
최근에는 긍정적인 사고와 플러스 발상이 여기저기서 너무 쉽게 거론되고 있어 상당한 인플레이션 현상을 보이고 있지만, 그래도 부정적인 사고나 마이너스 발상보다는 훨씬 낫다. 마이너스 발상을 가지고 있는 사람과 함께 있으면 나까지도 기분이 우울해져 버린다. 그렇게 친구를 잃어버리게 된다는 점을 생각하는 것만으로도 마이너스 발상은 불운, 불행의 원천이라는 점을 알 수가 있다.

교세라(京セラ)의 명예회장인 이나모리 가즈오(稻盛和夫) 씨는 '이 세상에서 일어나는 일은 능력과 열의와 사고방식을 곱한 것에 의해서 결정된다'고 말했다. 이 중에서 중요한 것은 '사고방식에 따라서 플러스가 되기도 하고 마이너스가 되기도 한다'고 단언하고 있다는 점이다. 이만큼 사고방식이나 성격이 일과 인생에 미치는 영향은 큰 것이다.

'나는 운이 나쁜 사람이다.'

'나는 틀려먹은 인간이다.'

'내게는 전망이 없다.'

자신이 스스로 그렇게 생각하고 있으니 다른 사람이 제아무리 부정을 해봐도 소용없는 일이다. 자신은 운이 좋은 사람이라고 생각하는가, 그렇지 않다고 생각하는가. 이 두 종류가 있을 뿐, 운 자체에는 좋고 나쁨에 대한 구별이 없다.

확실하게 말할 수 있는 것은 행운의 여신은 '운이 좋다'고 생각하는 사람에게만 접근을 한다는 사실이다. 언제나 밝게 웃을 수 있는 강한 마음을 소유하고 있다면 행운의 여신은 당신을 좋아하게 될 것이다.

반대로 나약한 모습을 보이는 사람은 '부정적인 인간'이 되어버린다. 나약함을 토로하는 입버릇이 당신을 부정적인 인간으로 만들어버리는 것이다. 이것은 잠재의식의 희망에 따라서 그렇게 변하게 되기 때문이다. 조금도 이상할 것이 없는 일이다.

58
행운이 등을 돌렸을 때 벗어나는 법

'행운이 등을 돌렸다'는 것은 어떤 메시지를 당신에게 보내주고 있는 것이다. 과연 무엇을 알리려고 하는 것인지를 해독해내지 못한다면 행운은 언제까지고 등을 돌리고 있을 것이다.

운이 없다고 생각할 때 나는 이렇게 행동한다. 우선 자신이 서 있는 위치를 확실하게 파악한다. 위에서, 아래서, 옆에서 둘러보고 객관적으로 자신의 상황을 확실하게 관찰하는 것이다.

'운이나 행운이 등을 돌렸다'고 느껴지면 인간은 여유를 잃게 되기 때문에 자신의 모습을 보지 못하게 된다. 물론 그런 상황에서 주위의 상황이 보일 리가 없다. 시야가 아주 좁아져버리는 것이다. 바로 그렇기 때문에 지금의 자신의 모습을 정확하게 보는 일이 중요해지게 된다.

자동차에 비유해서 이야기해 보자면, 원활하게 달리고 있는 것인지, 아니면 과속을 하고 있는 것인지, 혹은 신호를 기다리고 있는 것인지, 체증이 심한 길을 가고 있는 것인지, 사고를 당한 것인지……, 어쨌든 '이것이 가장 가깝다!'라고 생각되는 상황을 그려보는 것이다.

행운이 등을 돌려버리면 인간은 자포자기하게 되거나 초조함을 느끼게 되기 때문에 1차 재해보다도 2차 재해에 의해서 더욱 커다란 손실을 입게 된다. 지진, 화재, 재해 등도 1차 재해보다는 2차 재해에 의한 피해가 더욱 크다. 인간의 운명 역시 이것과 같은 것이다.

원활하게 달리고 있다면 그것으로 충분하다. 과속, 즉 일에 쫓기고 있는 상황이라면 잠깐 멈춰 서서 생각할 수 있는 시간을 만들어본다. 예를 들어서 30분이나 한 시간 정도 일찍 일어나서 자신과 대화를 나눠보는 것도 좋을 것이다.

만약 신호를 기다리고 있는 상태라면 그대로 한동안 상황을 살펴보며 휴식을 취한다. 체증이 심하다면 도대체 어떻게 해야, 언제쯤 이 문제에서 빠져나갈 수 있을지를 생각해둔다. 사고가 났을 때는 문제를 최소화하여 마무리 지으려면 어떻게 해야 할지를 생각한다.

그리고 마지막으로 각오를 한다.

'내 분수를 지키자. 모든 것을 잃는다 해도 그리 대단할 것은 없다!'

결심을 한 인간만큼 강한 사람도 없다. 특히 목숨을 걸고 덤비는 사람에게는 그 어떤 적도 겁을 먹게 된다. 운이나 행운도 마찬가지다. 밑바닥까지 떨어졌다면 앞으로는 부상할 일만 남

앉다.

언제라도 모든 것을 버릴 각오를 하고 있는가? '행운이 등을 돌렸다'는 메시지는 그 각오를 점검해볼 수 있는 최고의 기회라고 생각하기 바란다.

> **One point** | **성공하는 사람의 표현술은 이것이 다르다!**
>
> '운이나 행운이 등을 돌렸다'고 느껴지면 인간은 여유를 잃게 되기 때문에 자신의 모습을 보지 못하게 된다. 물론 그런 상황에서 주위의 상황이 보일 리가 없다. 시야가 아주 좁아져버리는 것이다. 바로 그렇기 때문에 지금의 자신의 모습을 정확하게 보는 일이 중요해지게 된다.

59

긍정적 사고는
극단적인 마이너스발상에서 태어난다

인간의 기량에 나이는 관계없다. 야무진 사람은 젊어도 야무지며, 그렇지 못한 사람은 나이가 들어서도 야무지지 못한 채 살아간다.

경험을 쌓으면 어리석은 자가 현명한 자로 발전할 가능성은 있지만, 경험이 그저 스쳐지나기만 할 뿐인 인간에게는 그것이 일에 있어서나 인생에 있어서 결코 경력이 되지 못하기 때문에 결과적으로는 조금도 성장을 하지 못하게 된다.

비즈니스맨이라면 한쪽은 프로페셔널, 한쪽은 아마추어라고 표현할 수 있을 것이다.

프로는 스스로 생각하여 준비하고 스스로 실행한다. 아마추어는 누군가 지시하지 않으면 조금도 움직이질 않는다.

프로는 좋은 재료를 들여온다. 재료가 좋지 않으면 그 어떤 요리도 이류밖에 되지 않는다는 사실을 알고 있기 때문이다. 그런데 아마추어는 이를 경시한다. 그럼에도 불구하고 좋지 않은 재료를 극복할 만한 스킬조차도 가지고 있지 못하다. 그렇기 때문에 성과는 언제나 기대에 미치지 못한다. 기대하는 것이 더 이상하다는 사실조차도 깨닫지 못하고 있다.

프로는 계획을 확실하게 세운다. 아마추어는 언제나 일회성 인생이다. 계획이 있다 하더라도 '이번 달 어음을 어떻게 할까?' 하는 정도의 계획밖에는 없다. 극히 짧은 기간의 계획밖에 생각하지 못하는 것이다. 따라서 이런 사람들에게 미래의 희망에 대해서 묻는다는 것은 시간낭비일 뿐이다. 그럼에도 불구하고 아마추어는 복권보다도 당첨 확률이 낮은 행운을 기다리고 있다.

프로는 실패하지 않는다. 만약 실패했다 하더라도 그로 인한 피해, 영향을 최소한으로 줄이는 기술을 가지고 있다. 아마추어는 쉽게 실패해버린다. 여기저기 헛점 투성이이며, 주위의 것들을 흩어지게 하고 결국에는 실패하게 된다. '내 알 바 아니다' 라며 누구도 동정하지 않는다.

그렇다면 아마추어와 프로의 차이를 어떻게 한마디로 표현할 수 있을까?

아마추어는 무슨 일이 생기면 '어떻게든 되겠지' 라고 생각하는 데 비해 프로는 무슨 일이 생기면 '어떻게든 해보자' 라고 생각한다. 이 차이다. 아마추어에게서는 안주와 의존밖에 찾아볼 수 없지만, 프로에게는 언제나 자립, 독립심이 넘쳐나고 있다.

'월말까지 목표를 달성하기는 힘들겠지만 어떻게든 되겠지'

이렇게 마음놓고 잠들어버리는 영업사원은 아마추어다.

'월말이 되면 언제나 바빠지니 영업활동을 우선적으로 행하자. 매출액이 매달 중순쯤에 최고조를 기록하도록 하면 월말에 허둥대는 일은 없을 거다'

이렇게 생각하고 실천하는 사람은 프로다.

'어떻게든 되겠지'라고 내린 결론의 근거가 어디에 있는가? 어디에도 없다. 거기에 존재하는 것은 사고정지뿐이다.

아마추어는 싫은 일은 생각하지 않는다. 생각하지 않으면 싫은 일은 잊을 수 있다. 그것뿐이다. 하지만 그런다고 해서 사태가 좋아지는 것은 아니다. 오히려 더욱 나빠질 뿐이다. 그렇기 때문에 최악의 사태를 맞이하게 되고 결국에는 언제나 아수라장이 되어버리고 마는 것이다.

프로는 그것을 예방할 수 있기 때문에 '최악의 사태'를 미리 상정하여 고심에 고심을 거듭한 끝에 철저한 대책을 세운다. 이렇게 고심을 할 때의 사고는 적당한 네거티브 사고가 아니다. 극단적인 네거티브 사고이자 극단적인 마이너스 사고다.

하지만 '됐어. 이거면 충분해. 이렇게 하자'라고 확신을 갖게 되었을 때 비로소 진심으로 안심하게 된다. 이 안도감은 아마추어의 근거 없는 안도감과는 달리 확실한 근거를 가지고 있는 안도감이기 때문에 정신적으로 매우 편안해지게 된다.

'진인사대천명(盡人事待天命)'이란 바로 이런 마음을 두고 하는 말이다.

60

머리가 좋은 사람은 운이 좋지 않다

머리가 좋은 사람은 타인을 얕잡아본다.
'왜 이걸 몰라?'
'그것도 몰라?'

　마음 속에 이러한 경멸감이 떠오르게 되면 아무래도 얼굴에도 나타나게 된다. 사람에 따라서는 확실하게 말로 표현하거나 태도로 보여주는 경우도 있다.
　과연 어느 쪽이 어리석은 것이란 말인가? 바로 그 머리가 좋다는 것이 최대의 약점이라는 사실을 깨닫지 못하는 것은 도대체 누구란 말인가?
　사람을 비평하거나 비난하거나 잔소리를 하는 것은 그 어떤 어리석은 자라도 할 수 있는 일이다. 아니, 어리석은 인간만이 그렇게 하고 싶어한다. 현명한 사람은 남을 비난하지 않는다. 자신이 타인을 비난할 수 있는 인간이 못 된다는 사실을 아주 잘 알고 있기 때문이다.

타인을 비난하는 사람을 볼 때마다 스스로 운을 내몰고 있다는 사실을 잘 알 수 있다. 그런 식으로 말을 하지 않아도, 좀더 기분 좋게 분발하도록 할 수 있을 만한 다른 표현이 있을 텐데 어째서 그렇게 하지 않는지 깊이 생각하게 한다.

결국 손해를 보고 있는 것은 비난을 하고 있는 사람 자신이다.

예를 들어서 다음의 말들 중 어떤 것이 '성숙한 표현'이겠는가?

① 또 실수야? 몇 번을 말해야 알아듣는 거야? 까마귀 고기를 먹었나? 왜 자꾸 잊어버려?

② 내 충고가 적절하지 못했나보군. 후배들도 보고 있으니 본보기가 될 만한 일을 해주게.

①의 표현은 단순한 '화풀이'에 지나지 않는다. 좀더 성장해주길 바란다는 애정이 결여되어 있다. 이런 표현을 듣는다면 기가 꺾여서 의욕이 생겨날 리가 없을 것이다. '그래, 까마귀 고기 혼자 먹어서 미안하다'라는 반발심만을 유발하게 된다.

그렇다면 ②의 표현은 어떨까? 우선 자신의 부족했던 점을 먼저 표현한다. '확실하게 전달하지 못했다', '확실하게 할 수 있을 때까지 지도하지 못하고 섣불리 일을 맡겼다'라는 점 등을 사과한다. 최선을 다했는데도 성공하지 못했다면 그건 지시를 한 사람의 잘못이다. 언젠가는 당신에게도 부하가 생기게 될 것이다.

그러니 언제나 후배나 주위 사람들의 기대에 부응하기를 바란다. 가능하다면 기대 이상의 성과를 거두기를 바란다는 소망을 전달해둔다. 이것은 '자네에게는 아직도 기대를 걸고 있다네'라는 메시지가 되기도 하는 것이다.

①과 ②의 차이점은 상대방을 얕잡아보고 있는가, 같은 시선에서 바라보고 있는가 하는 점에 있다.

인간이라면 누구에게나 자존심이 있기 때문에 비록 상대가 머리가 좋은 사람, 능력이 있는 사람이라 할지라도 상대방이 얕잡아보기를 바라는 사람은 없다. 이 점만을 잊지 않는다면 주위 사람들은 당신의 팬이 되어줄 것이다. 그리고 행운을 가져다줄 것이다.

One point | 성공하는 사람의 표현술은 이것이 다르다! |

인간이라면 누구에게나 자존심이 있기 때문에 비록 상대가 머리가 좋은 사람, 능력이 있는 사람이라 할지라도 상대방이 얕잡아보기를 바라는 사람은 없다. 이 점만을 잊지 않는다면 주위 사람들은 당신의 팬이 되어줄 것이다. 그리고 행운을 가져다줄 것이다.

61
행운을 불러들이는 인사,
'감사합니다', '죄송합니다'

내가 가장 좋아하는 표현, 그것은 '감사합니다'와 '죄송합니다' 이 두 마디다. 이 말들은 불가능한 일조차도 가능하게 해주는 미라클 플레이즈라고까지 생각하고 있다.

그리고 상당히 섹시한 표현이기도 하다. 왜냐하면, 솔직하게 말해서 여자들이 이 말을 사용하는 것을 들으면 소름이 끼칠 정도로 전율을 느끼기 때문이다.

"겸허한 사람이다."
"깊이가 있는 사람이다."
"청초하고 아름답다."

단 두 마디에 지나지 않음에도 불구하고 동경심마저 품게 된다. 그런데 안타깝게도 요즘에는 이 표현을 거의 들을 수가 없다. 예를 들어 엘리베이터를 탈 때, 두 사람이 동시에 들어가려다

서로 마주치게 되었다.

"먼저 들어가십시오."

"감사합니다."

이것으로 충분하다. 그날 하루는 득을 본 듯한 기분으로 행복감을 만끽할 수 있을 것이다. 이 얼마나 단순하고 간단한 표현이란 말인가?

그런데 같은 장면에서 이런 말을 들은 경우도 있다.

"쯧!"

혀를 찬 것이다. '이 사람은 정말 가정교육을 못 받았군'이라고 절감했는데 주위 사람들도 모두 그렇게 느꼈는지 뚫어져라 그 사람의 얼굴을 바라보는 사람이 적지 않았을 정도였다.

'감사합니다.'

'죄송합니다.'

남자가 이런 말을 하는 것을 들으면 '훌륭하다'는 생각이 들어 자연스레 머리가 숙여진다.

어째서일까?

허세만을 부리던 20대 시절, 내 자신이 그다지 사용하지 않았던 말이었기 때문은 아닐는지(지금은 무의식적으로 많이 사용하고 있다). 바로 그렇기 때문에 자연스럽고 적절하게 이 두 마디를 서슴없이 사용하는 사람을 보면 존경심을 품게 된다. 거의 조건반사적이라고 해도 좋을 것이다. '감사합니다'라는 감사의 마음, '죄송합니다'라는 겸허한 마음.

"부장님 커피 끓었습니다."

"좋았어. 이걸로 완벽하게 프레젠테이션 회의에 임할 수 있겠군. 고마워."

"과장님, 검인 위치가 잘못 되었습니다."

"미안, 미안. 바로 고쳐줄 테니 잠깐 기다려."

지극히 당연한 표현이지만 '감사합니다', '죄송합니다'라는 이 두 가지 말이야말로 가장 '성숙한 표현'이라고 생각한다.

더 많이, 더 자주 사용할수록 행운이 따라오는 말들이다.

One point | 성공하는 사람의 표현술은 이것이 다르다! |

내가 가장 좋아하는 표현, 그것은 '감사합니다'와 '죄송합니다' 이 두 마디다. 이 말들은 불가능한 일조차도 가능하게 해주는 미라클 플레이즈라고까지 생각하고 있다.

옮긴이 박현석

목원대학교 국어국문학과를 졸업했다.
번역 전문가, 에이전트.
번역서로는 「결과를 낳는 부하 만들기」, 「마법의 언어」,
「점점 멀어지는 당신」, 「삼국지연의」, 「평범한 사람이 직장에서 성공하는 방법」 등이 있다.

초판 인쇄일 | 2005년 5월 2일
초판 발행일 | 2005년 5월 7일

지은이 | 나카지마 다카시
옮긴이 | 박현석
표지디자인 | 강희연
본문디자인 | 김성엽

펴낸이 | 하중해
펴낸곳 | 동해출판
121-876 서울시 마포구 용강동 494-15호 1층
전화 | (02)703-3428
팩스 | (02)703-3429
e-Mail | dhbooks96@hanmail.net
출판등록 제16-298호

ISBN 89-7080-129-4

Printed in Korea
*값은 뒷표지에 있습니다.
*잘못 만들어진 책은 바꿔 드립니다.